中国经济文库 · 应用经济学精品系列（二）

宋　来 ◎著

# 转型期财政政策的宏观调控效应研究

## An Empirical Analysis on the Effects of China Fiscal Policy During 1993—2012

中国经济出版社
CHINA ECONOMIC PUBLISHING HOUSE
北 京

**图书在版编目（CIP）数据**

转型期财政政策的宏观调控效应研究 / 宋来著 .
北京：中国经济出版社，2017. 10
ISBN 978 - 7 - 5136 - 4844 - 8
Ⅰ. ①转… Ⅱ. ①宋… Ⅲ. ①财政政策—宏观经济调控—研究—中国 Ⅳ. ①F812. 0
**中国版本图书馆 CIP 数据核字（2017）第 217759 号**

责任编辑　严　莉　贾亚莉
责任印制　马小宾
封面设计　华子图文

**出版发行**　中国经济出版社
**印 刷 者**　北京建宏印刷有限公司
**经 销 者**　各地新华书店
**开　　本**　710mm × 1000mm　1/16
**印　　张**　12. 75
**字　　数**　180 千字
**版　　次**　2017 年 10 月第 1 版
**印　　次**　2017 年 10 月第 1 次
**定　　价**　58. 00 元
**广告经营许可证**　京西工商广字第 8179 号

**中国经济出版社** **网址** www. economyph. com **社址** 北京市西城区百万庄北街 3 号 **邮编** 100037
本版图书如存在印装质量问题，请与本社发行中心联系调换（联系电话：010 - 68330607）

# 序

一般认为，中国从20世纪90年代初开始建立和完善社会主义市场经济体制。伴随着市场经济体制的建立和完善，人民币核算的中国GDP从1992年的27208亿元增加到2015年的686449亿元。中国政府调控经济运行的方法，也从富有行政色彩的计划经济指令方式转换成综合运用各种经济政策的指导方式。

我们知道，政府调控经济运行的经济政策主要是财政政策与货币政策，货币政策需要通过金融市场利率等渠道间接影响市场需求从而发挥作用，但财政政策涉及的政府支出或税收变化将更直接地影响市场需求。各国选择何种形式的经济政策干预经济，取决于各国的历史文化制度环境，而各国的历史文化制度环境又影响了各种经济政策发挥作用的程度。

与成熟的市场经济国家相比，中国经济还处于迈向成熟市场经济的进程中，各种经济政策的运用尚处于探索和完善阶段。中央银行是货币政策的决策者和实施者，事实上中国人民银行作为中央银行的法律地位是在1995年才得以确定的。相对于货币政策，财政政策在中国宏观经济调控中，通常被认为可以更多地发挥作用。人民币核算的财政收入规模从1992年的3483亿元增加到2015年的152269亿元，人民币核算的财政支出规模从1992年的3742亿元增加到2015年的175877亿元，中国的财政收支增长率远高于中国

GDP 的增长率。因此，系统研究中国财政政策在中国经济转型发展中的作用具有理论和现实意义。

《转型期财政政策的宏观调控效应研究》的学术贡献，主要体现在以下三个方面：

第一，本书梳理了 1993 年至 2012 年之间的中国财政政策的实践内容和特征。1992 年的邓小平南方谈话是一次思想解放，随后召开的中国共产党第十四次全国代表大会，正式提出了建立和完善中国社会主义市场经济体制的构想。在 1993 年至 2012 年期间，中国基本上完成了从传统计划经济体制向现代市场经济体制的转型。在经济转型过程中，财政政策成为中国政府调控宏观经济的主要工具之一。总结这一时期的中国财政政策实践内容，相当于总结了中国政府在经济转型过程中运用财政政策的典型经验，有助于人们更好地理解在建立市场经济体制方面的中国实践。

第二，本书结合中国经济发展的历史进程，提出了中国财政政策具有稳定经济、结构调整、促进增长等三个作用的见解，说明不同于其他国家的稳定型财政政策，中国的财政政策可能还起着促进产业结构调整和经济增长的作用。传统观点认为财政政策的主要作用在于稳定经济，防止经济衰退。在中国经济体制的转型过程中，不仅各种社会经济问题需要通过经济发展的方法予以缓解或解决，还需要调整传统经济体制下形成的不合理的经济结构。就中国学者而言，经济发展与经济增长几乎同义，行政干预或政府作用是传统经济体制的特色之一。在市场经济体制的法律体系还未完全建立的环境下，对于多数中国人而言，财政政策的实施可能既符合人们希望依赖政府的潜在愿望，又富有政府干预经济姿态。因此，在人们更愿意接受财政政策调控经济运行的中国，政府利用财政政策促进经济增长和推动经济结构调整也自然具有合理性。

第三，对于财政政策的稳经济、调结构、促增长的三个作用，本书使用必要的数量经济分析方法进行了佐证，量化说明了中国财政政策作为中国政府调控宏观经济的主要手段，在抑制经济过热、减缓经济衰退、调节经济结构和促进经济增长的过程中起到了重要作用。结果表明，虽然需求因素往往是触发财政政策实施和转型的主要原因，但是财政政策的供给管理作用值得高度重视和深入研究。因此，未来在政策操作中，并不能完全遵循简单的需求管理思路，还要将需求管理与供给管理、短期效应与长期效应、总量调节与结构调节等有效地结合起来。

本书作者宋来博士曾是我指导的博士研究生。在他攻读学位期间，我们保持着密切的交流互动，虽然他是在职学习，平时工作比较繁忙，但是他对经济理论的学习和研究始终保持着浓厚的兴趣，尽可能合理地安排学习和工作的时间与精力，努力克服各种不利因素，广泛阅读经济学文献，积极投入课程学习和毕业论文撰写，其研究态度与探索精神值得肯定。尽管本书的研究工作在数量经济分析方面存在可进一步完善之处，但其研究成果不仅丰富了中国财政政策的研究内容，也为未来更好地展开相应研究提供了新的思路和有益的启示。

上海交通大学安泰经济与管理学院教授、博士生导师　朱保华

2017 年 10 月 9 日

# 摘　要

中国经济正在经历增长阶段转换，新常态下需要创新宏观经济调控方式。因此，对1993—2012年财政政策的实践效果开展全面、系统的研究，具有重要的理论和实践意义。

理论发展和实践经验表明，财政政策在本质上是政府运用税收和支出以影响宏观经济的政策工具，始终是政府反经济衰退的政策首选，调控经济的思路既有需求管理也有供给管理，并日益呈现出需求管理与供给管理并重的特点。在这一时段，作为一个从传统计划经济体制向现代市场经济体制转型的发展中国家，中国财政政策既通过总量调节改善总需求，又通过结构调节改善总供给，特别是在稳定经济波动、调节经济结构和促进长期经济增长等方面具有重要的作用。

在1993—2012年，我国先后实施了适度从紧的、积极的、稳健的和新一轮积极的等类型的财政政策实践。政策框架总体上体现四个特征：相机抉择是政策调控的核心策略，需求管理与供给管理并重，扩张性财政政策是主流，多元化综合运用政策工具。具体政策措施也有四个特点：以政府支出政策为主调节总需求波动，以生产性政府支出为主促进经济长期增长，财政投资兼具长期和短期的政策目的，以收支政策组合为主推进经济结构调整。

稳定经济波动是触发财政政策实施和转型的首要原因。估计三个产出乘数表明，我国财政政策能够挤入私人需求并促进短期产出增长；相对于政府投资政策，短期内政府消费政策拉动产出增长的贡献度更大；新凯恩斯主义 DSGE 模型表明，消费—工作互补性、垄断竞争和价格粘性等因素，在合适的参数校准下，可以成为我国财政政策的主要传导机制；然而，从熨平产出波动的角度看，我国财政政策的总体效果较低；稳定效果不高主要源于自动稳定效应不高、相机抉择中的政策力度和实施时机把握不好、政策工具搭配不善等。

财政政策体系及其各个组成部分都具有结构调整机制。本书采用新的产业结构水平度量指标，运用我国省际面板数据，研究财政收支总量效应与财政收支结构效应、全国总体效应与区域效应、短期效应与长期效应后发现：财政政策在总量上对产业结构调整具有显著的短期和长期效应；在东部地区具有最大的正效应，而在中西部地区的影响不显著；财政收入结构对短期和长期产业结构调整都具有显著的直接效应，但财政支出结构对短期和长期产业结构调整的直接影响都不够显著；特别是，作为积极财政政策主要内容的扩张性财政投资政策，不仅没有发挥优化产业结构的作用，反而对长期产业结构调整起到了阻碍作用；在一定条件下，财政政策可以通过促进高新技术产业的发展而促进产业结构升级，且税收优惠政策效果好于财政直接投资。

无论是政府收支总量还是收支结构，都可以通过影响总供给来影响长期经济增长。本书引入非线性影响，基于我国省际动态面板数据回归分析发现：与经济理论预测相一致，财政收支总量与收支结构对长期增长的非线性影响是存在的；政府收支规模的扩大有利于促进长期经济增长，但这个正效应主要是通过其结构变动而产生的；在财政支出中，增加公共服务支出和农业支出的比重不利于长期增长，增加社保支出的比重有利于促进长期增长；在财政收入中，增加增值税和个人所得税的比重有利于促进长期经济增长，增加企业所得税的比重不利于长期增长；财政收支变量对长期增长的作用渠道是不同的。

2015 年以来，政府强调要推进供给侧结构性改革，使之成为“十三五”时期经济发展的战略主线。财政政策在供给侧结构性改革中有着重要的地位。今后，应从完善财政规则、优化支出结构、推进税制改革、协调财政货币政策四个方面，不断完善财政政策实施方式，从而为供给侧结构性改革提供财政政策支持。

# 目　录

# 图表目录

# 第1章 导 论

## 1.1 问题的提出与研究意义

肇始于1978年的改革开放，开启了中国经济市场化改革的进程。伴随着这一转型发展的过程，政府不断探索与市场经济体制相适应的宏观调控方式。特别是在1993—2012年，中国政府根据经济发展不同阶段的运行态势，在1993—1997年、1998—2004年、2005—2007年和2008—2012年，分别实施了适度从紧的财政政策、积极的财政政策、稳健的财政政策和新一轮积极的财政政策。政府和学术界普遍认为，在中国经济发展的过程中，财政政策发挥了十分重要的作用。

人们自然要问：在1993—2012年这个经济转型时期，不同类型的财政政策是如何实施的并具有怎样的特点，是否达到了预期的目标，能否对其宏观调控效果作出定量的检验，这些政策实践又为今后的政策实施提供了什么样的经验和启示。针对这些问题，本书选择“转型期财政政策的宏观调控效应”作为研究主题，采用实证分析方法，研究我国财政政策在扩大需求和改善供给，特别是在稳定经济短期波动、调整优化经济结构和促进经济长期增长等方面的实际效果。

本书认为，当前研究这一课题，具有重要的理论和实践意义。

就其理论意义而言，宏观经济运行与政府经济行为之间的关系，一直以来都是宏观经济理论研究的重要课题。财政政策宏观调控效应的经验分析，有助于理解有关经济理论争议的本质所在，从而更好地把握理论的适用范围。

理论上的不同结论，源自于对经济环境、经济行为的不同假设以及对经济运行机制的不同理解。本书对中国过去20年财政政策实践效果加以定量研究，可以帮助理解宏观经济运行与财政政策行为之间的理论联系、作用机制和数量关系，为进一步的理论研究提供中国的经验证据。而且，1993—2012年是我国计划经济体制全面向市场经济体制转型的重要时期，评估这一时期的财政政策实践效果，还有助于理解财政政策与经济转型发展之间的关系，这对于发展中国家的财政政策实践更具有启示意义。

从其实践意义来看，中国经济正在经历增长阶段转换，需要创新宏观经济调控方式，而这又必须基于对以往政策实践作出系统、科学的经验总结。

2013年以来，我国经济正从高速增长向中速增长转换，进入了一种被称为“新常态”的阶段。尽管中国经济发展仍然存在诸多有利条件，但是未来经济发展也面临着更多的深层次挑战。高速增长期结束并不意味着中速增长期就会自然到来。如果新旧增长动力的接替不成功，新的发展方式未能及时确立，中速增长也难以稳住。一旦经济增长出现大幅下滑，则可能引发系统性风险。

增长阶段转换对宏观经济政策提出的课题是：如何创新宏观调控方式，把政策重点放在转变经济发展方式、调整经济结构、提高经济运行的质量和效益、化解各种矛盾和风险上①。适应这种新的调控要求，财政政策具有独特的自身优势。例如：财政政策侧重于结构调节，而货币政策侧重于总量调节；财政政策侧重于调节收入分配，而货币政策侧重于保持币值稳定；财政政策对治理通货紧缩作用明显，而货币政策对治理通货膨胀作用明显。财政政策在结构调节和提高质量方面的优势，决定了它在宏观经济调控中将日益发挥更加重要的作用。

因此，研究过去一段时期财政政策的宏观调控效果，可以为未来的政

① 现阶段，政府和学术界在宏观调控政策方面形成了更多的共识，调控方式已从大规模经济刺激计划转向“微刺激、定向调控、精准发力”，着力改革和完善市场运行机制，调整优化经济结构，激发市场微观主体活力，提高经济长期增长质量。

策实践提供历史经验和方法启示。

## 1.2 文献回顾

### 1.2.1 国外文献

在主流宏观经济理论中，财政政策一般是从狭义概念上加以理解的。因此，在经验上对财政政策宏观调控效应的分析，主要围绕其稳定职能展开，研究内容集中在财政政策的乘数效应和挤出效应等方面。另外，在经济增长理论的影响下，也有一部分文献关注了财政政策的长期经济增长效应。

支出政策是财政政策稳定经济波动的首选政策工具①，因此估计支出政策乘数常处于财政政策效应实证分析的核心。然而，在经验上测度政府支出乘数面临着一个现实困难，即因为政府的实际支出与经济状态高度相关，所以首先需要隔离出无法预测的、外生的政府支出变化成分（Edelberg，Eichenbaum & Fisher，1999，2003；Perotti，2008）。文献中通常采用三种方法来解决这个问题。

第一种计量方法是简单线性回归方法。把政府支出的外生变化成分与实际产出作回归，政策变量的系数可以看作是乘数估计值。如果系数大于或等于1，那么财政政策具有需求管理作用；如果系数小于1，那么财政政策虽然促进了总产出，但是挤出了部分私人需求；如果系数为负数，那么财政政策不仅没有产出促进作用，反而对产出产生了不利影响②。运用这种方法的文献，一般聚焦于政府支出中的一个特殊成分——国防支出，它被认为是外生决定的，因而是政府支出政策的有效工具变量。这种方法一般使用跨度较大的，包括二战、朝鲜战争、越南战争、里根战备、伊拉克

① 后文将要分析到：从国际和国内财政政策实践中都可以看出，增加或压缩政府支出是总需求管理财政政策的首选。因此，这里重点关注的是近年来国际上有关政府支出扩张效应分析的经验文献。

② 这种情况，在文献中被称之为财政政策具有非凯恩斯效应。

战争等时期的美国年度数据样本，例如：Barro（1981）；Hall（1986；2009）；Rotemberg & Woodford（1992）；Barro & Redlick（2011）等。

研究结论不尽相同。Barro（1981）的研究发现，美国国防支出暂时变化的产出乘数在0.6~0.8，而永久性支出变化的产出乘数只有0.2~0.6。Barro & Redlick（2011）使用美国的长期年度数据，估计出国防支出暂时性扩张的产出乘数是0.4~0.5，两年后可以达到0.6~0.7；如果支出扩张是持久的，乘数将再提高0.1~0.2。也就是说，在各种情况下，乘数效应都是小于1的。然而，Rotemberg & Woodford（1992）把国防支出对其自身滞后变量、国防就业滞后变量回归后的残差作为政府支出政策冲击，估计出的产出乘数为1.25。

简单线性回归方法存在的主要问题是：用来识别政府支出外生变动的工具变量，严重依赖于国防支出的变动，而且在解释变量较少的情况下，把其他因素引起的产出变动都归入到残差之中，产生了较大的抽样误差。

第二种方法是向量自回归（VAR）方法。把系统中每一个内生变量，视为系统中所有内生变量滞后值的函数，从而将单变量自回归模型推广到由多元时间序列变量组成的向量自回归模型。Hall（2009）总结相关文献后认为，运用VAR方法估计出的美国政府支出的产出乘数，大多数都处于0.5~1.0范围内，而消费乘数略大于0。在经验文献中，VAR方法分析财政政策一般存在三个识别假设传统。

虚拟变量假设。Ramey & Shapiro（1998）基于历史文献，识别出可以被解释为外生的和不能预见的、导致国防开支扩张的三个外生事件，即朝鲜战争、越南战争和里根战备。他们把1950年第3季度、1965年第1季度和1980年第1季度设为虚拟变量，研究这三个事件对相关宏观经济变量的影响。随后，Fatás & Mihov（2001）；Burnside，Eichenbaum & Fisher（2004）；Cavallo（2005）；Ramey（2006，2011）；Perotti（2007）等遵循这个识别方法，研究政府支出冲击的动态效应。如果将他们的冲击反应函数转换为产出乘数，数值一般处于0.6~1.2，且乘数大小取决于具体的样本，以及是累积计算还是峰值估计。

结构向量自回归识别假设。这种方法认为，政府支出的简化式VAR的残差是三种成分——自动反应（Automatic Response）的政府支出、系统性相机反应（Systematic Discretionary Response）的政府支出和随机的相机冲击（Random Discretionary Shock）——的线性组合。其中，相机冲击是研究中最感兴趣的成分，它是结构性政府支出冲击，与其他结构性冲击不相关。遵循这个识别方法的研究，一般都使用了Choleski分解来识别政府支出冲击，并通过假设税收弹性系数来识别税收冲击。Blanchard & Perotti（2002）使用了1960—1997年的美国季度数据，估计出的乘数为0.9～1.29，具体数值取决于对时间序列数据趋势的假设。Gordon & Krenn（2010）使用的是1919—1941年的季度数据，在假设没有生产能力约束的情况下，乘数可以提高到1.8。结构向量自回归识别假设具有简单易行、不需广泛收集数据等优点，但正如Caldara（2011）所指出的，乘数效应或者说动态效应的估计结果，特别容易受到税收弹性系数假设的影响。

符号约束识别假设。Mountford & Uhlig（2005）首先假定了经济周期冲击、货币政策冲击、政府收入冲击、政府支出冲击等对政府收入、政府支出、GDP、消费、投资、利率、价格等变量的影响方向，从而在此基础上分析结构性政府支出冲击的动态效应。他们利用1955—2000年的美国季度数据，在假设赤字融资政府支出的情况下，估计出乘数大约为0.65。然而，Caldara and Kemp（2006）表明，通过这种符号约束识别方法，获得私人消费对政府支出冲击的反应方式，类似于SVAR识别。

第三种方法是基于动态随机一般均衡（Dynamic Stochastic General Equilibrium，DSGE）模型的结构计量分析方法。DSGE方法的显性建模框架、理论一致性、微观与宏观分析的完美结合、长短期分析的有机整合等特性，特别是近年来Bayes估计方法的不断改进，使之日益受到研究者和决策者的关注。运用这种方法的文献有：Baxter & King（1993）；Galí，López - Salido & Vallés（2005）；Cogan，Cwik，Taylor & Wieland（2009）；Monacelli & Perotti（2009）；Uhlig（2010）；Christiano，Eichenbaum & Rebello（2011）；Drautzburg & Uhlig（2011）等。其中，Cogan，

Cwik，Taylor & Wieland（2009）使用1966—2004年美国季度数据估计Smets－Wouters模型，获得峰值乘数为0.64。

尽管在数据样本、计量模型、识别方法等方面存在显著的不同，但是经验估计的产出乘数值大都处在0.6～1.8的范围中。Ramey（2011）认为，大多数经验研究给出了相似的答案。

挤出效应是决定财政政策乘数大小的主要因素。经验上对财政政策挤出效应的研究，主要关注私人投资和居民消费对财政扩张的反应。

私人投资是否被挤出，既取决于实际利率对财政扩张的反应，也取决于私人投资对实际利率的反应。虽然有一些不同的结论，但是大多数经验研究表明，财政政策对实际利率的影响非常有限（Blanchard & Summers，1984；Evans，1987；Barro，1992），而且投资对实际利率也不敏感（Clark，1979；Blanchard，1986；Chirinko，1993；Zarnowitz，1999），特别是在发展中国家，这种挤出效应更弱（Rama，1993；Rokriguze & Schmiat-Hebbel，1994；Agenor & Montiel，1996）。

财政扩张对居民消费的挤出效应，在理论上与李嘉图等价命题相关。由于李嘉图等价命题的成立需要满足严格的条件，所以有些经验研究通过检验李嘉图等价的条件是否成立，来间接表明财政扩张对居民消费是否存在挤出效应。Barro（1989）和Seater（1993）使用这种方法表明，虽然完全的李嘉图等价并不成立，但是居民消费还是表现出了部分的李嘉图抵消。除了这个间接检验方法，更多的文献则是直接检验居民消费与财政扩张之间的关系，结论也非常不一致，正反两方面的经验证据都存在，例如：Feldstein（1982）估计了一个包含初始财富、未来社会保障收益以及不同的财政工具变量的消费函数，结果表明李嘉图等价不成立；Afonso（2001）使用欧盟国家的面板数据估计消费的欧拉方程，在消费函数中增加了由政府债务占GDP比重所表示的财富变量，结果表明债务中性假说不成立。但Cuaresma & Reitschuler（2004）研究发现，在欧盟15国中有3个国家的消费者具有明显的中性消费特征。由于发展中国家金融体系不发达，资本市场高度扭曲，消费者面临更大的不确定性，一般会认为李嘉图等价成立的条件更不容易得到满足，例如：Giavazzi，Jappelli & Pagano（2000）对101个发展中国家的国民储蓄影响因素的分析拒绝了李嘉图等价。

自Barro（1990）开创性研究以来，财政政策与长期经济增长的关系，成为内生经济增长理论的一个重要内容①。从经验上分析财政政策与长期增长之间的关系，通常有生产函数估计、横截面数据回归和协整分析等计量分析方法②。

生产函数估计方法，通常应用在财政投资（或者说公共资本）的经济增长效应分析之中。基本思路是把公共资本存量作为一种生产要素，加入到Cobb－Douglas生产函数之中，然后利用时间序列数据进行回归，从而分析公共资本存量增加是否会提高全要素生产率。Aschauer（1989）使用美国1949—1985年的年度数据，研究了全要素生产率与政府支出变量的存量和流量之间的关系，发现在决定全要素生产率增长中，公共资本存量比政府支出流量更为重要，公共资本存量增加1%会导致全要素生产率提高0.39%；而且，“核心”基础设施建设对全要素生产率增长有最大的解释力。Merriman（1990）利用美国1972年48个州的横截面数据，获得产出的公共资本弹性系数为0.2。Wylie（1996）利用加拿大1946—1991年数据，得到的弹性系数在0.11～0.52。这些研究结论基本上认为，财政投资显著地促进了全要素生产率的提高，弹性系数主要集中在0.03～0.54。

横截面数据回归方法，依据内生增长理论利用不同国家或地区的横截面数据，把财政政策变量纳入增长回归方程之中，估计政策变量的长期增长效应。这方面的典型结论有：一是政府消费性支出不利于长期增长。

① Myles(2000)对财政政策借以影响经济增长的不同渠道进行了评论，Zagler & Dürnecker(2003)对相关研究文献进行了评述并提出了一个统一的分析框架。Irmen & Kuehnel(2008)全面回顾了生产性政府支出与经济增长的理论文献。

② 郭庆旺等(2007)认为，在实证分析财政投资的经济增长效应中，存在生产函数法、行为方法、向量自回归法、横截面回归法和结构模型法等五类方法。这里之所以只关注生产函数法、横截面回归法和时间序列协整分析法三类方法，是因为行为方法和结构模型法都是基于模型结构的先验性设定，不是纯粹的经验分析；另外，时间序列协整分析法与郭庆旺(2007)文中的向量自回归法的本质上是一致的，在文献中更多的是以协整分析方法明确体现的。

Kormendi & Meguire（1985）运用65个欠发达国家1960—1980年的数据进行经济增长回归，发现不包括国防教育的政府消费支出对经济增长具有显著的负效应，而且因果关系是从政府消费到经济增长。Bradley（1987）利用16个OECD国家1971—1983年的数据进行实证检验，发现实际GDP的增长与政府消费支出负相关。二是生产性政府支出的经济增长效应不具有确定性。Easterly & Rebelo（1993）使用1970—1988年100个国家的数据以及1870—1988年28个国家的公共投资支出数据进行分析发现，公共交通和通信投资与经济增长正相关，教育投资与经济增长正相关，但总的公共投资与经济增长负相关。Evans & Karras（1994）对7个OECD国家的分析结果表明，公共资本对经济增长具有显著的正向影响。Nelson & Singh（1994）利用1970—1979年和1980—1989年70个欠发达国家的数据回归发现，20世纪70年代公共投资对经济增长的作用不显著，而在80年代具有显著的正效应；教育虽然在70年代对经济增长具有正效应，但在80年代较弱。Devarajan，Swaroop & Zou（1996）利用43个发展中国家1970—1990年的年度数据，发现政府资本性支出与经济增长要么负相关要么不显著，只有增加经常性支出份额才具有正的且显著的增长效应。

协整分析方法，是把经济增长率与财政政策变量进行协整分析求解协整向量，并使用误差修正模型（ECM）和格兰杰（Granger）因果分析，检验主要变量之间的长期稳定关系和因果关系。这方面的文献往往与验证"韦格纳法则"（Wagner's Law）[①] 有关。Lamartina & Zaghini（2008）使用23个OECD国家1970—2006年的年度面板数据，研究发现政府公共支出与人均GDP正相关。Loizides & Vamvoukas（2005）利用希腊、英国和爱尔兰三国的20世纪50年代早期到90年代中期的年度数据，使用格兰杰因果分析框架研究发现，在三个国家中政府支出规模都是经济增长的短期格兰

① 19世纪80年代，德国经济学家韦格纳考察了英国产业革命和当时的美、法、德、日等国的工业化状况之后，认为一国工业化经济的发展与本国财政支出之间存在一种函数关系，即随着现代工业社会发展，对社会进步的政治压力增大以及在工业经营方面因社会考虑而要求增加政府支出，后人称之为韦格纳法则，即随着人均GNP的增加，财政支出占GNP的比重相应提高。

杰原因，对爱尔兰和英国来说还是长期格兰杰原因，希腊的情况则为经济增长是政府相对规模增加的长期格兰杰原因。Tulsidharan（2006）使用印度1960—2000年的数据，分析发现政府消费支出增加不是国民生产总值（GNP）增加的格兰杰原因，而名义GNP增加是政府消费支出增加的格兰杰原因。Nurudeen & Usman（2010）使用尼日利亚的1970—2008年数据研究发现，政府的总资本支出、总周期性支出和教育支出对经济增长产生了负效应，然而政府增加对交通和通信、卫生支出却有利于促进经济增长。Mehrara et al（2013）使用伊朗1970—2010年的年度数据，检验了政府周期性支出与GDP之间的关系，结果表明这两个变量之间存在长期稳定关系，但没有发现政府周期性支出促进经济增长的证据。

### 1.2.2　国内文献

国内学者对财政政策宏观调控效应的经验研究，涉及财政政策与产出稳定、民间投资、居民消费、劳动就业、生产外部性、结构调整、经济增长等之间的数量关系，国外学者的经验分析方法在国内都有广泛应用。

在估计政策乘数方面，高铁梅、李晓芳和赵昕东（2002）建立季度可变参数模型，估计出简单的政府支出乘数在1.7～1.98，包含挤出效应的财政政策乘数在1.4～1.9。李生祥和丛树海（2004）基于IS－LM模型估计出中国财政政策理论乘数和实际乘数分别为4和1.5，实际乘数远小于理论乘数说明乘数作用机制不畅。李永友（2007）估计1978—2003年政府购买支出乘数在1.66～2.23，转移支付乘数在0.99～1.33，税收乘数在－2.96～－1.64。杨晓华（2009）估计出的财政乘数要小些，1985—2003年的政府支出乘数在1.2左右，税收乘数在－0.6左右。陈建宝和戴平生（2008）运用协整模型，获得政府支出长期乘数为4.99和短期乘数为2.13，并通过建立空间计量模型，估计出全国各地区的财政支出乘数为4.26，且财政支出与经济增长之间存在倒U型关系。叶文辉和楼东伟（2010）基于1997年和2007年两次金融危机背景发现，自1992年以来财政政策的有效性在逐年降低，政府购买支出乘数大约为1.47。

在检验居民消费挤出效应方面，谢建国和陈漓高（2002）表明，在短期内政府支出与居民消费呈互补关系，政府支出每增加1%，当年居民消费增加0.18%，在长期中居民消费对政府支出的弹性系数为0.15。李树培和白战伟（2009）基于时变参数模型研究显示，用于基本建设的财政支出对居民消费有一定的促进作用，行政与事业经费支出对消费具有挤出效应，而用于改善民生方面的支出对消费一直保持着较高的促进效应。陈创练（2010）分析了1978—2008年我国29个省（市）政府消费与居民消费的关系，认为政府消费支出挤入了居民消费，两者具有互补性关系。袁芳英（2010）通过建立消费者跨期最优化模型发现，短期内政府支出与居民消费呈互补关系，李嘉图等价不成立；但在长期中，政府支出将挤出居民消费。郭庆旺等（2007）通过协整分析和格兰杰因果分析方法，使用1978—2003年的经济数据研究发现，政府支出增加对居民消费具有明显的正效应。胡蓉等（2011）利用城乡居民1978—2009年数据，发现政府支出在长期中具有挤出效应。

在检验民间投资挤出效应方面，郭庆旺等（2007）表明，无论是从经济周期、全社会固定资产投资的资金来源角度，还是从资本收益率角度来看，财政投资对民间投资都没有产生抑制和抵消作用，这意味着积极财政政策很可能产生了挤入效应。这一结论得到了王志伟等（2010）、王志刚（2012）和胡爱华（2013）的支持。王志刚（2012）利用协整和误差修正模型，对新一轮积极财政政策效应进行研究认为，财政投资对民间投资有显著的拉动作用，而且解释程度很高；胡爱华（2013）在一个动态随机一般均衡（DSGE）框架中，引入垄断竞争和价格粘性两个新凯恩斯模型的关键内核，使用1992年第1季度到2009年第1季度的数据，研究表明在短期内政府支出挤入了民间投资。但是，林致远等（2011）和王燕武（2014）提出了相反的证据。王燕武（2014）基于King，Plosser & Rebelo（1988）和Linnemann（2006）的模型设定，运用数值模拟分析技术研究发现，无论是在短期还是在长期，政府支出与民间投资之间的关系都是替代关系，即政府支出挤出了民间投资。

在影响劳动就业方面，马拴友（2001）在奥肯法则的基础上，研究认为1998—2000年积极财政政策促进非农就业增长分别为0.57%、0.73%和0.70%。卢亮（2005）估计1998—2002年的积极财政政策创造出了1741万个就业岗位。于爱晶和周凌瑶（2004）表明，政府投资增加1%，就业就会提高0.14个百分点。曹军和李红梅（2006）认为，在1998—2000年积极财政政策促进非农就业增长分别为0.57%、0.73%和0.71%，其中国债政策促进非农就业增长分别为0.36%、0.47%和0.24%。然而，杨晓华（2009）表明，我国财政预算支出部分对总就业没有显著影响，对第二产业就业具有显著的负向影响，对第三产业就业有较强的推动作用，而预算外支出无论是对总就业水平，还是第二、第三产业的就业水平，都有显著的推动作用，且对第三产业的作用大于第二产业。郭新强和胡永刚（2012）研究发现，增加政府投资性支出可以刺激就业，而增加服务性支出则抑制就业。王文甫（2013）运用1978—2004年数据，使用协整分析方法和误差修正模型研究发现，政府支出与劳动就业量正相关，具有长期均衡关系。

在生产外部性影响方面，刘华（2007）使用1985—2001年数据研究发现，财政教育支出对人力资本增长的贡献比较大，1997—2001年平均为70.45%。马拴友（2003）利用1981—1998年的数据研究发现，由财政投资形成的公共资本每增长1%，可使私人部门资本要素的生产率增长0.55%；公共研发资本的产出弹性为0.02，公共人力资本的产出弹性为0.56。郭庆旺等（2007）使用1998—2002年的数据研究发现：财政投资对民间产出具有明显的促进作用，对民间产出的外溢效应处于0.12～0.49；财政生产性支出与资本生产率正相关，而财政总支出与资本生产率负相关，财政教育支出和科学研究支出对提高资本生产率有显著影响；财政总支出显著地促进了全要素生产率增长，引发全要素生产率年均增长0.30个百分点，其中财政投资影响更大，达到0.51个百分点。

在经济结构调整方面，杨大楷和孙敏（2009）发现，公共投资与三次产业产值之间具有长期正的均衡关系，但对第一产业影响最小，对第三产业影响最大。王保滔等（2014）通过回归分析和建立冲击反应函数实证检验，表明政府税收和政府支出对产业结构具有明显的促进作用。但是，张杰和杨连星（2013）研究后认为，长期以来地方政府以追求短期经济快速增长为目标的财政政策措施，从根本上弱化了中国产业结构升级的内生动力。中国人民大学宏观经济分析与预测课题组（2013）也认为，财政支出和税收政策导致了新兴产业的产能过剩，并在分税制框架下造成了产业结构趋同。储德银和建克成（2014）发现，我国税收政策有利于产业结构调整，而财政支出政策却阻滞了产业结构升级；政府投资性支出和行政管理支出不利于产业结构调整，教育科技支出对产业结构调整有正向促进作用，所得税与产业结构调整显著正相关，商品税对产业结构调整影响不显著。张海星和靳伟凤（2014）通过构建东、中、西部地区省级动态面板数据模型，表明地方政府物质资本投资和地方税收加剧了区域产业结构趋同，而地方政府人力资本投资则降低了区域产业结构趋同。

在影响长期增长方面，马拴友（2003）研究发现，我国政府消费的边际产出显著大于1，提高政府支出规模可以促进我国经济增长；生产性支出与经济增长负相关，消费性支出与经济增长正相关；个人所得税、农业税和关税与经济增长显著负相关，直接税与经济增长显著负相关，流转税等间接税的效应不显著。庄子银和邹薇（2003）在1980—1999年的时间序列数据分析中发现，政府支出规模及其增长率对经济增长具有不显著的正效应；在省际横截面数据分析中发现，各省财政支出和财政收入对经济增长的效应都是负的。郭庆旺和贾俊雪（2006）研究发现，政府物质资本投资和人力资本投资都与经济增长之间存在着长期均衡关系。杨晓华（2009）表明从长期看，公共投资增加1%，产出提高0.068%；各省税收对经济增长的影响是不一致的，地区之间差异明显，东部地区的宏观税负与经济增长负相关，而在中西部地区除少数省份外，宏观税负对经济增长无显著影响。张淑翠（2011）基于我国1997—2009年省际面板数据研究发现，地方最优财政支出规模为GDP的9.32%，经济性支出与社会性支出最优比重为1.64。林致远等（2011）使用1994—2007年数据研究发现，全国层次的政府投资对经济增长的影响并不显著，东部地区政府投资显著地抑制了经济增长，而中西部恰好相反。郭婧（2013）利用1998—2011年我国省际面板数据研究发现，个人所得税对经济增长有显著的正效应，增值税对经济增长的效应不显著，企业所得税对经济增长产生了显著的负效应。

综观国内现有研究，主要存在的问题有：一是关注的时期往往始于1978年的改革开放，事实上在1993年以前我国财政调控主要依靠行政手段，与现在强调的财政政策在内涵、外延和方法上有较大的差距；二是关注的内容往往是财政政策效应的一个方面，要么只关注需求管理方面，要么只关注供给管理方面，而且即使在关注需求管理或供给管理上，也还是更小的侧面，缺乏较为全面的分析和评估。三是往往较多地关注总量效应、较少地关注结构效应，较多地关注短期静态效应、较少地关注长期动态效应。这些问题，正是本书要力图克服的。

## 1.3 分析方法与主要创新点

为了准确把握财政政策宏观调控效应分析的重点方面，本书通过梳理财政政策实践发现：在1993—2012年期间，我国的财政政策实践具有需求管理与供给管理并存的政策特征，这一特征与财政政策理论发展和国际实践经验是相一致的；而且，稳波动、调结构、促增长成为财政政策调控的主要政策目标。虽然这些政策目标在不同时期各有侧重，但从整体来看，它们又都是财政政策宏观调控的三个主要作用方向。因此，本书选择财政政策的经济稳定效应、结构调整效应和长期增长效应作为经验实证研究的重点内容。其中：经济稳定效应主要作为需求管理效果的评估维度，结构调整效应和长期增长效应主要作为供给管理效果的评估维度。

研究方法以实证分析为主。在理论实证中，注重在前人的经济模型中，或进行一定的模型修正，或进一步运用逻辑演绎的方法，以期获得经验实证所必要的理论基础和理论预测。在经验实证中，注重定性分析与定量分析相结合、静态分析与动态分析相结合、一般描述性统计分析与计量经济模型分析相结合。依据具体研究内容的需要，先后采用的计量经济分析方法有：联立方程估计方法、结构向量自回归估计方法、DSGE 建模及其校准方法、一般面板数据估计方法和动态面板数据估计方法等。

本书的创新点，主要体现在以下三个方面：

一是注重全面评估财政政策宏观调控的实际效果。先后考察了财政政策的经济稳定效应、结构调整效应和长期增长效应，涉及财政政策的需求管理和供给管理两个方面，分别评估了我国财政政策的短期、中期和长期效应。现有国内外研究文献往往关注的只是其中的一个方面，这对于分析中国在转型期实施的财政政策实践效果来说是不充分的。作为一个从计划经济体制向现代市场经济体制转型的发展中国家，财政政策在稳定经济波动、调节经济结构和促进长期经济增长等方面具有重要的地位，它既通过总量调节改善总需求，又通过结构调节改善总供给，并努力促进经济保持长期可持续增长。

二是增加新的维度以多角度考察财政政策的各类效应。与现存文献不同的是：在评估经济稳定效应时，增加了波动平滑效应的分析，而且在乘数效应分析中，运用了比较静态乘数、一般均衡乘数和政策冲击反应函数三种度量方式，进而还探讨我国财政政策传导机制。在评估结构调整效应时，不仅关注了财政收支总量效应还关注了财政收支结构效应，不仅关注了全国总体效应还关注了区域效应，不仅关注了短期效应还关注了长期效应。在评估长期经济增长效应时，突出了政策变量的非线性影响，且在评估财政政策对人均 GDP 增长的影响后，还进一步评估了其对劳动生产率增长和全要素生产率增长的影响，进而探讨了各财政变量影响长期增长的作用渠道。

三是选择经济体制转型的关键时期作为研究的样本期。国内专门针对 1993—2012 年这一时期的研究还没有。我们认为：在改革开放初期的 10 年间，中国的宏观调控方式主要是采用单一的行政手段，控制微观层面的企业生产经营活动。20 世纪 80 年代后期，政府在决策上开始有意识地运用财政政策和货币政策进行间接调控，但受当时行政性计划体制条件的制约，宏观调控未能完全达到预期效果。1992 年，中国政府确立社会主义市场经济体制的改革目标，随着市场化程度不断提高，真正意义上的财政调控开始显现。从 1993 年开始，作为间接调控经济运行手段的财政政策实践，先后有四次重大转型，内容丰富、措施典型，评估这一时期的财政政策效应具有重要意义。

## 1.4　结构安排与主要内容

全文共分为 7 章，本章为导论部分，提出研究问题，综述现有文献，简介研究内容；第 2 至第 3 章提供研究的背景基础；第 4 至第 6 章是实证分析的重点内容；第 7 章提出政策建议。本书的分析框架与结构安排，如图 1 - 1 所示。

第 2 章，理论演进与国际经验。在一般性总结财政政策定义、目标体系、主要工具和政策类型等概念的基础上，从理论和实践两个方面回溯历史演进过程，为后文的中国经验分析提供理论认识基础和国际实践背景。在研究方法上，体现了从概念到理论再到实践的逻辑要求，注重了历史与逻辑的统一，力图全面辩证动态地把握理论和实践的发展过程。

第 3 章，政策实践历程与主要特征。通过回顾和分析 20 年中国财政政策的实施背景、政策措施和实践特征，总结梳理我国财政政策实践的典型化事实，为后文经验分析提供现实背景，并帮助确立政策效应分析的重点方向和主要内容。在分析方法上，主要运用描述性统计方法，强调定性分析与定量分析相结合，定量分析为定性分析提供证据支撑，力图全方位、多角度、多层次地把握实践中的政策背景、政策内容和政策特点。

第 4 章，经济稳定效应。阐释财政政策管理总需求的理论分析框架，重点考察了 1993—2012 年我国财政政策的乘数效应和稳定效应。在研究内容上，不同于现有文献，运用三种计量方法估计了三个不同形态的乘数，以多维度地评估财政政策促进产出增长效应，运用 DSGE 模型考察了我国财政政策传导机制，明确地计算出不同政策工具的经济稳定效应，讨论了影响财政政策乘数效应和经济稳定效应的主要因素。在分析方法上，依据分析问题的需要，先后采用了联立方程估计方法、结构性向量自回归方法、DSGE 建模及其校准方法、HP 滤波方法等。

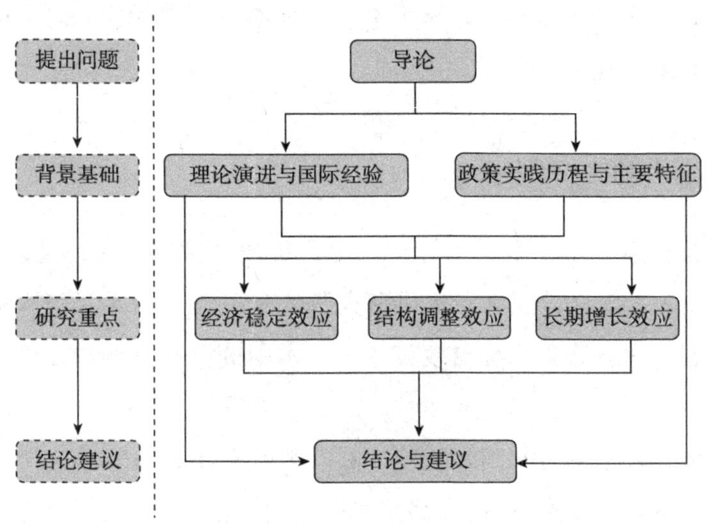


**图 1－1　分析框架与结构安排**

第 5 章，结构调整效应。聚焦于产业结构，阐释了产业结构及其变迁规律的理论基础，梳理了财政政策与产业结构调整之间的理论联系，利用省际面板数据和全国时间序列数据，定量研究了财政政策调整产业结构的效果。在研究内容上，不同于现有文献，同时评估了总量效应、区域效应、结构效应和长期效应，而且把高新技术产业作为一个案例，分析了财政政策对其发展的影响效果。在研究方法上，采用了新的产业结构水平度量指标，运用了面板数据估计方法和时间序列数据估计方法，注重总量分析与结构分析相结合、短期分析与中长期分析相结合、经验分析证据与文献现有证据相结合。

第 6 章，长期增长效应。在新古典增长理论和内生增长理论的两个分析框架中，揭示了不同增长理论所蕴含的财政政策意义，阐释了财政政策与长期经济增长之间的理论联系，定量分析我国财政政策的长期增长效应。在研究内容上，不仅评估了财政政策对人均GDP增长、劳动生产率增长和全要素生产率增长的作用效果，还讨论了各财政政策措施影响长期增长的作用渠道。在研究方法上，运用动态面板估计方法，强调了财政政策变量的非线性影响，注重总量分析与结构分析相结合，力图多维度地揭示财政收支总量和结构的长期效应。

第7章，结论与建议。总结经验研究的主要结论和重要启示，并结合当前我国宏观经济的发展形势和供给侧结构性改革的要求，从完善财政规则、优化支出结构、推进税制改革、协调财政政策和货币政策四个方面，提出优化财政政策实施、支持供给侧结构性改革的政策建议。最后，还展望了进一步研究的努力方向。

# 第2章　理论演进与国际经验

本章将在概述财政政策基本内涵的基础上，从历史的视角回顾财政政策理论和实践的演进历程，为中国财政政策宏观调控效应分析提供理论认识基础和国际实践背景。结构安排如下：在2.1节中，简要介绍财政政策的定义、目标、工具和类型等基本问题；在2.2节中，梳理总结财政政策的理论发展进程，这个进程充满着争议和反复，但认识在争议中深化发展。2.3节主要以美国为例，回顾和总结财政政策的国际实践经验。

## 2.1　财政政策的基本内涵

### 2.1.1　政策定义

福利经济学第一定理表明，任何竞争均衡都是帕累托最优。然而，帕累托最优成立的条件十分严格。由于存在公共品、外部性、规模经济、信息不对称、收入分配不公和外生冲击等因素，市场机制并不总是能够有效地运行并实现资源的最优配置、经济的稳定运行和收入的公平分配。市场机制存在失灵的可能性，为政府宏观调控提供了基本依据①。政府调控经济运行的最有效方法，就是制定并实施包括财政政策在内的宏观经济政策。

① 斯蒂格利茨(1998)认为，作为一个经济组织的政府具有两个显著的特征：拥有全体社会成员和强制力，因而在纠正市场失灵方面存在四大优势：征税权、禁止权、处罚权和节约交易成本。

财政政策一般被理解为：政府通过改变支出与税收，以改善宏观经济状况的一种政策手段（Stiglitz，1997；Hall，2005；Samuelson & Nordhaus，2010）。20 世纪 90 年代初，中国确立市场经济体制改革目标以后，国内学术界开始系统地学习和传播西方经济理论，关于财政政策的理论认识经历了学习、消化、吸收和创新的过程，其思想内涵也逐渐呈现本土化趋势，具有我国传统描述模式的特征。例如：金人庆（2005）认为，财政政策一般通过税收、补贴、投资、公债、转移支付和预算等手段，发挥稳定经济、优化资源配置、调节收入分配等方面的功能作用。陈共（2012）认为，财政政策是指一国政府为实现一定的宏观经济目标，而调整财政收支规模和收支平衡的指导原则及其相应的措施。

梳理这些认识和理解，我们可以认为，财政政策是由支出政策、税收政策、预算平衡政策、国债政策等构成的一个完整的政策体系，在本质上就是政府对税收和支出的策略性运用，以影响经济运行的政策工具。

### 2.1.2　目标体系

财政政策目标体系，主要包括经济稳定目标、经济发展目标、公平分配目标和平衡预算目标。前三类属于经济全局性目标，后一类属于财政自身的局部目标。

经济稳定目标既包括价格稳定、产出稳定和充分就业等内部经济稳定目标，也包括国际收支平衡这样的外部经济稳定目标。经济发展目标主要包括保持经济适度增长、合理有效配置资源以及反经济周期性波动等目标内容；公平收入分配目标是指提高社会成员的收入分配公平程度或者说缩小收入分配差距；预算平衡目标是指在一定时期内，政府财政保持基本收支平衡，其形式有年度预算平衡、周期预算平衡等。

由于目标之间具有互扰性，财政政策的各类目标彼此会相互影响甚至有时会发生冲突，例如：在短期内充分就业与价格稳定之间存在两难选择、经济增长与国际收支平衡之间在一定程度上表现为冲突性等。因此，在具体的政策实践中，需要政府分清目标的主次，以使政策措施更加有效[①]。

### 2.1.3 主要工具

一国财政由政府支出和政府收入两方面构成，其中政府支出包括政府购买和转移支付，而政府收入则包括税收和公债。相应的，政府购买、转移支付、政府税收和公债等，也就成为财政政策的主要工具[②]。

政府购买是指政府对商品和劳务的购买，如公共工程投资、政府就业人员报酬支付、国防军需品购买等。它是一种实质性支出，直接形成社会需求和购买力。在其他条件不变的情况下，政府购买变动会直接改变总需求，进而使国民收入总量发生变动。

转移支付是指政府在社会福利保险、贫困救济和补助、农业补贴等方面的支出，是一种货币性支出，在付出这些货币时不发生相应的商品和劳务的交换，它具有在不同社会成员之间转移和重新分配收入的功能。当其他条件不变时，政府改变转移支付水平，将会增加或减少总需求水平，进而影响国民收入总量。

政府税收是政府收入中最主要的部分，具有强制性、无偿性和固定性等基本特征。依据课税对象的不同，税收可以分为财产税、所得税和流转税等[③]。当税收发生变化时，总需求水平和国民收入同样发生变化。这是因为税收变化会导致居民可支配收入水平发生变化，相应地就会改变总需求进而改变国民收入水平。

公债是政府对公众的债务。它不同于税收，是政府运用信用筹集财政资金的特殊形式，通常有短期债、中期债和长期债三种形式。由于政府发

---

① 在经济政策理论中，丁伯根法则（Tinbergen Rule）表明：一般地，如果要实现 n 个独立的政策目标，政府至少需要同等数量的政策工具。由于政府通常有很多目标，但政策工具总是有限，因此权衡成了政府日常工作的一部分。参见：Bénassy－Quéré A.，et al（2010）。

② Tanzi（2011）指出，财政政策工具除了政府支出、税收和债务等常规财政工具以外，还包括监管工具（如监管措施和许可证制度等）、其他工具（如征役权、或有负债等）；政策工具的选择主要受管理因素和政治因素的影响。

③ 另外，根据收入中被征收的比例不同，税收还可以分为累退税、累进税和比例税等。

行公债，既能增加财政收入而影响财政收支，又能对货币和资本市场的扩张和紧缩起到重要作用而影响货币需求，因而公债也是政府调节社会总需求的重要政策工具。

### 2.1.4　政策类型

根据财政政策在调控经济活动上所起的作用，可以从不同的角度区分其类型，如表2-1所示。

一是根据调控经济的作用性质不同，财政政策可分为扩张性政策、紧缩性政策和中性政策。扩张性政策通过政策工具来增加和刺激经济中的总需求。在总需求不足、经济衰退时，扩张性财政政策将缩小并消除通货紧缩缺口，以达到总供求平衡。紧缩性财政政策通过政策工具来减少和抑制总需求。在总需求过剩、经济过热时，紧缩性财政政策将缩小并消除通货膨胀缺口，达到总供求平衡。中性财政政策对经济中总需求的影响保持中性，财政的收支活动对总需求水平，既不会产生扩张效应，也不会产生紧缩效应。

二是根据调控经济的作用机制不同，财政政策可分为自动稳定的和相机抉择的财政政策。自动稳定的财政政策，是指那些能够根据经济波动情况自动产生稳定作用的政策，它无需借助外力就可直接产生调控效果①。在某些情况下，仅仅依靠财政政策自动稳定功能难以有效发挥作用，必须由政府根据经济运行态势，相应地调整支出和税收，尽快消除经济波动。这种有意识地利用财政收支变化调节经济运行的方式被称为“相机抉择”。相机抉择的财政政策，主要任务是保持总供给与总需求基本平衡。

---

① 例如税收制度，特别是公司所得税和累进的个人所得税，对经济活动水平的变化非常敏感。当经济活动出现不景气时，国民收入就要降低，这时税收收入就会自动减少。如果政府预算支出保持不变，那么由于税收收入的减少，财政赤字就会出现，赤字会自动产生一种力量，以抑制国民收入的继续下降。

表 2－1　财政政策的主要类型

| 分类依据 | 政策类型 | 主要特征 |
|---|---|---|
| 作用性质 | 扩张性财政政策 | 增支减税，旨在扩张总需求，反对经济衰退，一般预算赤字增加 |
| | 紧缩性财政政策 | 减支增税，旨在紧缩总需求，防止经济过热，一般预算赤字减少 |
| | 中性财政政策 | 财政收支基本平衡，对总需求保持中性，但可以改变财政收支结构 |
| 作用机制 | 自动稳定财政政策 | 累进的税制安排和转移支付制度，对经济波动自动产生一定的抑制作用 |
| | 相机抉择财政政策 | 依据经济运行形势，相机调整财政支出和税收水平，力图保持总需求总供给平衡 |
| 作用层次 | 宏观财政政策 | 通过财政收支总量的变动调整整个国民经济，以实现充分就业和无通胀的经济增长 |
| | 微观财政政策 | 通过调节微观经济主体的行为，解决对微观经济行为主体的刺激问题和资源配置问题 |
| 内涵外延 | 狭义财政政策 | 以稳定经济波动为主要目标 |
| | 广义财政政策 | 所有的财政活动都纳入财政政策范畴 |

三是根据调控经济的作用层次不同，财政政策可分为宏观财政政策和微观财政政策。宏观财政政策通过财政收支总量的变动调整宏观经济，以实现充分就业和无通胀的经济增长。微观财政政策通过调节微观经济主体的行为，解决对微观经济行为主体的刺激问题和资源配置问题。在微观财政政策中，税收政策手段主要有：税收豁免、纳税扣除、税收抵免、优惠税率、延期纳税、盈亏相抵、加速折旧等；财政支出政策手段主要表现为财政补贴、财政投资等。

四是根据对政策内涵和外延的不同，财政政策可以分为狭义财政政策和广义财政政策。Musgrave（1959）认为公共财政具有资源配置、调节分配、稳定经济三项职能，Keynes（1936）突出强调了公共财政的经济稳定职能，从而将财政政策与宏观经济稳定紧紧联系在一起（Tanzi，2004）。这种以稳定经济波动为主要目标的财政政策，可以称之为狭义财政政策。

然而，20 世纪以来政府作为一种经济制度实现了对市场制度的大范围替代，财政学逐渐发展成为内涵丰富的公共经济学，传统的财政政策内涵和外延也得到了相应的扩展。财政作为政府的收支活动，一切与之相关的行为都具有政策含义。这个意义上的财政政策，被称之为广义财政政策（刘溶沧和赵志耘，1998；刘小兵等，2008；林致远等，2011）。

## 2.2　理论认识的历史演进

经济学家对财政政策有效性的认识，在争论和反复中不断深化。关于财政政策作用的争论，历史上相继表现为需求稳定能力之争、供给管理作用之争和动态一般均衡效应之争。

### 2.2.1　需求稳定能力之争

20 世纪 30 年代到 70 年代末，宏观经济学先后出现了凯恩斯主义学派、货币主义学派、理性预期学派等，围绕着政府能否通过实施总需求管理政策稳定经济波动展开了激烈的争论，提出了许多深邃的经济学思想。

1929—1933 年的“大萧条”动摇了古典经济学的基础。为了走出理论的困境，Keynes（1936）在边际消费倾向递减、资本边际效率递减和流动性偏好三大基本心理定律的基础上指出，经济萧条的根源在于由消费需求和投资需求构成的社会总需求不足以实现充分就业。弥补有效需求不足的办法是，扩大政府支出或通过减税和货币扩张来诱导私人支出的增加，进而通过扩张总需求来促进充分就业和经济稳定增长。由于在衰退时期可能存在投资陷阱和流动性陷阱，且货币政策存在滞后效应，所以财政政策在总需求管理中更加重要，货币政策只是起到辅助、配合作用。

凯恩斯的总需求理论，经过 Hicks（1937）和 Hansen（1949；1953）的重新阐述，发展出了标准的 IS - LM 模型。它被普遍认为是对凯恩斯《通论》思想本质的正确表述，体现了凯恩斯主义的理论逻辑和核心思想：由于价格具有刚性，政府可以使用财政政策来熨平经济波动；在经济衰退时，扩张性财政政策可以刺激经济活动，提高经济产出；在经济过热时，紧缩性财政政策可以收缩经济活动，降低经济产出。

**表 2-2　关于财政政策有效性的理论争议**

<table>
<tr><th>争论主题</th><th>理论学派</th><th>主要观点</th><th>争论的焦点</th></tr>
<tr><td rowspan="3">需求稳定能力</td><td>凯恩斯主义</td><td>经济萧条的根源在于有效需求不足，政府可以通过扩大政府支出或通过减税和货币扩张来弥补需求不足，促进稳定增长</td><td rowspan="3">关于市场机制的核心信念；<br>关于经济运行环境的理解；<br>关于经济主体行为的假定</td></tr>
<tr><td>货币主义</td><td>短期内，货币是影响产出、就业和物价变化的最主要因素。就稳定总需求而言，控制货币供给的方法要优于财政方法</td></tr>
<tr><td>理性预期学派</td><td>人们具有理性预期，市场具有强有力的自动稳定能力。经济政策不仅长期无效，短期也无效，且会加剧波动</td></tr>
<tr><td rowspan="4">供给管理作用</td><td>供给学派</td><td>高税率阻碍了工作积极性和财富创造，导致了储蓄和投资不足，首要政策是减税，降低边际税率</td><td rowspan="2">市场自动调节经济能力；<br>减税政策的作用点</td></tr>
<tr><td>凯恩斯主义</td><td>减税政策通过乘数机制刺激需求扩张，减税重点是个人所得税</td></tr>
<tr><td>新古典增长理论</td><td>技术进步外生决定，旨在提高储蓄和积累资本的财政政策只有水平效应，而无增长效应</td><td rowspan="2">技术进步的发生机制</td></tr>
<tr><td>内生增长理论</td><td>技术进步是经济体系内部力量作用的产物，财政政策可以将外部性内在化而促进长期增长</td></tr>
<tr><td rowspan="2">动态一般均衡效应</td><td>RBC 型 DSGE 模型</td><td>扩张性支出政策减少经济总资源，产生负的财富效应，挤出私人消费，产出乘数小于 1</td><td rowspan="2">财政政策传导机制</td></tr>
<tr><td>NK 型 DSGE 模型</td><td>引入垄断竞争、价格粘性、拇指规则消费者等市场不完全因素，可以表明产出乘数大于 1</td></tr>
</table>

然而，IS-LM 模型至少有两个局限让人们不太满意。一是模型没有明确地对总供给进行分析，因而无法解释价格水平的决定。对于经济的总供给方面，模型简单地采取了“需求自动创造供给”的假设，认为供给自动适应需求。二是模型经济是封闭的，没有解释开放经济下的宏观经济政策效应。

Phillips（1958）根据英国 1861—1957 年的数据，揭示了在通货膨胀与失业之间可能存在长期稳定的负相关关系。凯恩斯主义经济学家据此进一步推导出了向上倾斜的总供给曲线，使得关于产出和就业的决定理论与工资和物价通货膨胀理论联系在一起。把菲利普斯曲线引入 IS - LM 模型从而构建 AD - AS 模型，可以在放弃价格刚性假设的情况下获得相似的结论。这种介于总需求不足的 IS - LM 模型和古典宏观经济学模型之间的分析框架，通常被称为“新古典综合方法”。Mundell（1963）和 Fleming（1962）把 IS - LM 模型拓展到开放经济中，构建了 IS - LM - BP 模型，成为开放经济条件下经济政策分析的基本框架。在这个模型中，财政政策和货币政策的相对效力取决于资本的国际流动性和汇率制度安排。

新古典综合派的政策主张基本上沿袭了相机抉择的凯恩斯主义需求管理思路，虽然提出了财政货币政策松紧搭配思想，但依然强调了财政政策比货币政策更加重要的观点。20 世纪 60—70 年代，西方国家普遍出现“滞胀”现象，凯恩斯主义对此既无法在理论上加以解释，又无法在政策上给出有效的处方，因而受到了货币主义和理性预期学派的挑战和批判。

货币主义从理论和经验两个方面，都反驳了凯恩斯主义关于财政政策比货币政策重要的观点（王旭祥，2011）[①]。货币主义者认为，货币的需求和供给在解释经济周期波动中占有重要的地位（Friedman，1968）。在短期中，货币是影响产出、就业和物价变化的最主要因素，纯粹的财政扩张在长期将会挤出私人支出，因而对总需求、收入以及就业水平的作用较小。就稳定总需求而言，控制货币供给的方法要优于凯恩斯主义的财政方法。Friedman & Schwartz（1963）提供了支持货币主义观点的有力证据。Andersen & Jordan（1968）提出了一种新的检验财政政策和货币政策相对

---

① 此外，货币主义在现代货币数量论、消费的持久收入假说和自然失业率假设的基础上，认为私人经济具有内在稳定性，要让经济真正自由地运行就要减少政府干预，避免经济剧烈波动。因此，货币主义者同样反对“相机抉择”的货币政策，认为从长期来看货币政策也是无效的，应实行稳定的“单一规则”的货币政策。

有效性的方法[①]。

以 Lucas（1972）为代表的理性预期学派，在理性预期假说、持续市场出清假说和总供给假说的理论基础上，把 Muth（1961）的预期假说与货币主义模型结合起来，提出了政策无效的核心主张，认为不仅财政政策无效，而且货币政策也无效；货币政策不仅在长期内无效，而且在短期内也无效。Barro（1974）运用理性预期假说，复兴了古典经济学家李嘉图的一个重要观点，提出了债务中性的观点——李嘉图等价定理（Ricardian Equivalence），并引发了大量的讨论[②]。这一定理认为，如果人们认识到债务发行只是把税收负担推迟而已，那么政府收入的任何增加都将被私人储蓄增加所抵消，消费不会因为人们拥有更多的政府债券而扩张。因此，政府用发行债务和减税的办法来刺激经济的财政政策是无效的。

Sargent & Wallace（1975）进一步提出：无论经济是否充分就业，致力于总需求管理的财政政策不仅是无效的，反而有害于经济自我调整能力。在一个充分就业的经济中，如果财政政策不能提高潜在产出水平，那么由于受到经济供给面的制约，政策的后果可能是使得价格水平普遍上涨。高通货膨胀水平带来的较大不确定性，容易扭曲投资决策，造成私人投资不足。这样，扩张性财政政策带来的结果是经济滞胀。即使在就业不充分的经济环境中，这种现象也可能会出现。因为扩张性政策造成的价格上涨，使得实际工资下降，理性的劳动者就会要求提高名义工资，这一方面增加

---

① 1968 年，美国圣路易斯联邦储备银行的 Andersen 和 Jordan 提出了一种新的检验财政政策和货币政策相对有效性的方法，从而反驳了凯恩斯主义思想。在这个圣路易斯方程中，名义 GNP 的变动是货币存量当期和滞后变动，以及政府支出当期和滞后变动的函数。这个方程的形式为：$Y_t = \alpha + \sum_i a_i M_{t-i} + \sum_i b_i G_{t-i} + \sum_i c_i Z_{t-i} + \varepsilon_t$。其中，$Y$、$M$、$G$、$Z$ 分别代表名义 GNP、货币供应量、政府支出、其他独立变量向量，$\varepsilon$ 代表扰动项。检验结果显示货币政策对于名义 GNP 具有强劲的、持久性的影响，而财政政策对名义 GNP 的影响是微弱的、暂时的。这项研究表明，货币政策比财政政策更有效。

② 人们探讨了导致李嘉图等价定理不成立的多种理由，例如：Diamond（1965）中的两期叠代模型，Tobin（1980）中的利己主义消费者，Feldstein（1982）中的不确定性，Blanchard（1985）中的短视经济主体，Burnside，Eichenbaum & Fisher（2004）中的扭曲性税收融资等都可以使得李嘉图等价定理不成立。尽管如此，Elmendorf & Mankiw（1999）还是认为，李嘉图等价定理非常重要，因为它为未来的深入分析提供了理论框架。

了生产成本，降低生产者投资意愿，另一方面通过产品的成本渠道传导到产品市场，造成产品价格的持续上涨。

既然如此，那么如果政府希望增加产出或减少失业，应该推行什么政策呢？新古典宏观经济学认为，应该推行供给管理政策来提高劳动市场和产业的结构和功能（Snowdon & Vane，2005）。Lucas（2003）认为，经济福利的潜力来自较好的长期供给方政策，其收益远远超过短期稳定政策所带来的。供给管理政策的主要内容包括：通过降低边际收入税率、失业和社会保障费用等措施，激发劳动者的工作动力；通过废除最低工资法、削减工会权力等措施，提高工资弹性和工作制度弹性；通过实施政府再培训计划和住房保障计划等措施，增加劳动者在职业和地域上的流动性；通过私有化等措施，提高产品和服务市场的效率。

回顾这一过程可以看出，关于财政政策总需求管理能力之争，主要集中在三个方面：一是对于市场机制的核心信念。凯恩斯主义者认为自由市场机制本身是存在缺陷的，不能依靠自身自发调节经济运行；而货币主义和理性预期学派则坚持认为市场经济具备强有力的自动稳定能力。二是对于经济运行环境的理解。凯恩斯主义认为经济存在闲置资源，价格是刚性或粘性的，扩张性政策不会挤出甚至还可能挤入私人需求；货币主义认为在短期内经济可能处在失业状态中，但在长期内经济可以自动恢复到市场完全出清；而理性预期学派则认为，失业率总是保持在自然率水平且价格具有完全的灵活性，包括财政政策在内的扩张性经济政策将会完全挤出私人需求①。三是对于经济主体行为的假定。凯恩斯主义认为经济主体存在三大心理定律，决定了经济在萧条时期有效需求不足；货币主义认为经济主体具有适应性预期，在短期和长期内的行为是不同的；而理性预期学派则认为经济主体具有完全理性预期，会立即对经济政策作出反应。

### 2.2.2　供给管理作用之争

20 世纪 60 年代以来，围绕财政政策供给管理作用的理论研究，可以

① 因此，在理论和经验分析中，挤出效应的大小成为财政政策需求管理有效性之争的焦点。

归纳为两个方面的争论：一是供给学派与凯恩斯主义关于减税政策效应之争；二是新古典增长理论与内生增长理论之间关于财政政策长期增长作用之争。

先来看供给学派与凯恩斯主义关于减税政策效应之争。20 世纪 70 年代中后期，“滞胀”动摇了凯恩斯主义的统治，以恢复萨伊定律为基础、强调供给分析的供给学派乘机崛起①。该学派认为，正是凯恩斯主义长期以来不断地刺激总需求，持续地损害了资本主义经济，造成了“滞胀”；要想克服滞胀危机，必须放弃凯恩斯主义的需求管理政策，重新回到注重供给、提倡经济自由的“老路”上来。在拉弗曲线的理论基础上，供给学派提出了大规模减税的政策主张。

拉弗曲线表明经济中存在一个最优税率，在这个最优税率之下，税收总额随着税率提高而增加，但是一旦税率超过了最优税率，即进入了“税收禁区”，税基开始减少，税收总额也随着税率提高而降低。供给学派认为，“二战”以后的凯恩斯主义需求管理政策使得政府开支日益增加，为了弥补财政赤字实行了很高的税率，使得大多数税率一直处在拉弗曲线的“税收禁区”之中。高税率妨碍了工作积极性，造成劳动生产率下降；高税率也导致了储蓄和投资不足，造成经济停滞不前；高税率还阻碍了经济主体的财富积累和创造，使企业家的革新、发明、创造的精神丧失殆尽。因此，首要的经济政策是减税，降低边际税率，从而提高工作、投资的积极性，恢复经济的活力。

虽然减税政策也是凯恩斯主义的政策主张，但是它们之间存在两点不同。一是政策的逻辑起点不同。凯恩斯主义的减税政策，是从市场存在失灵、国家应该干预经济运行这个基本信念出发而提出的；而供给学派的减税政策，则是从尽可能减少国家对经济的干预和控制、更多地依靠市场力

① 在美国，供给学派存在着所谓极端的供给学派和温和的供给学派之分。西方经济理论界将极端的供给学派冠以正统供给学派之名，而将温和的供给学派称为传统供给学派。正统供给学派代表人物有：罗伯特·蒙代尔、阿瑟·拉弗、裘德·万尼斯基、保罗·罗伯茨、乔治·吉尔德；传统供给学派的代表人物有：马丁·费尔德斯坦、达克尔·埃文斯。

量来自动调节经济这个基本信念出发的。因此，供给学派与凯恩斯主义之间的分歧，在本质上是经济自由主义与国家干预主义之争的表现。二是减税政策的作用点不同。凯恩斯主义主张减税强调的是税收对经济需求面的影响，认为减税政策通过乘数效应刺激总需求扩张，因此减税的重点是个人所得税，也包括免税和退税；而供给学派主张减税针对的是税收对经济供给面的激励，认为减税可以改善经济的供给能力，因此减税的重点是公司所得税，刺激生产而不是消费，但不包括免税和退税①。另外，凯恩斯主义主张的减税是调节需求的短期行为，但供给学派主张的减税是改善供给的长期行为。因此，永久性地削减边际税率是供给学派的政策核心。

再来看新古典增长理论与内生增长理论之间的争论。由 Solow（1956）和 Swan（1956）等发展的新古典增长理论，在批判 Harrod – Domar 模型固定比例生产技术的基础上，提出了新古典生产函数，发现在没有外生技术进步的条件下，边际收益递减规律将使得经济趋于一个没有增长的均衡状态，储蓄率提高或者说资本积累只有水平效应而无增长效应，驱动经济持续增长的原因只能是外生的技术进步。因而，旨在提高储蓄率、促进资本形成的财政政策，在推动长期增长方面没有实际意义。

以 Romer（1986）、Lucas（1988）等为代表的一批经济学家，对新古典增长理论进行了重新思考，提出了内生经济增长理论，探讨了经济长期增长的可能前景。内生增长理论强调，经济增长不是外生力量而是经济体系的内部力量作用的产物。该理论探讨了学习效应、知识溢出效应、劳动分工和专业化等克服边际收益递减规律、实现规模报酬递增的内生增长机制，从而在关注物质资本积累的基础上，更加突出地强调了人力资本、技术进步等因素是驱动经济持续增长的主要源泉。Barro（1990）、Barro & Sala – I – Martin（1992）等还在内生增长理论框架下，把公共服务视为私人生产函数的一个投入要素，表明了公共服务对于促进长期增长具有重要作用。

---

① 在供给学派看来，只有降低税率才能影响各种经济活动的相对价格，刺激劳动力和资本等生产要素的投入，从而导致产品供给的增加，免税和退税不能通过相对价格效应去刺激供给，而只是通过收入效应刺激需求。参见王传纶和高培勇（1995）。

提高人力资本水平主要靠教育和医疗保障，促进技术进步主要靠研究和开发，提供公共服务主要依靠公共基础设施建设。由于教育和医疗保障、研究和开发、公共基础设施建设等活动都具有明显的外溢效应，其私人收益可能低于社会收益，如果没有政府的干预，私人在这些方面就会投入不足。因此，财政政策可以发挥资源配置职能，改变政府支出政策，加大对教育、卫生、研发、公共基础设施等投入以补充私人投入不足，也可以通过改变税收政策，为私人增加这方面的投入提供税收激励，进而提高经济的长期增长能力。

在新古典增长理论和内生增长理论中，财政政策含义的不同，来源于人们对于经济增长机制的理解不同。两种理论虽然都强调了技术进步在经济增长中的作用，但是前者假设技术进步是外生的，政策没有发挥作用的余地，而后者认为技术进步是经济主体有意识的行为，财政政策可以将外部性内在化而促进长期经济增长。内生增长理论对财政政策作用的突出强调，为发挥财政政策的供给管理作用提供了理论基础。

### 2.2.3 动态一般均衡效应之争

20 世纪 90 年代，由于实际经济周期理论和新凯恩斯主义理论的发展，宏观经济学开始进入“新新古典综合”阶段（Goodfriend & King，1998），在分析方法上采用了由实际经济周期理论开创的动态随机一般均衡方法（DSGE）。然而，在一段时期内，学术界关于财政政策的研究是一潭死水①。正如 Ramey（2011）指出的，对政府支出和税收变化效应研究的复兴，是 2007 年国际金融危机的少数积极影响之一。此后，关于财政政策效应的争论，主要集中在动态一般均衡效应的大小之争，而争论的双方分别是坚持实际经济周期理论传统的经济学家和坚持新凯恩斯主义传统的经济学家。

① 出现这种现象既有理论方面的原因，又有政策实践方面的原因。在理论方面，财政政策在代表新古典宏观经济学新发展的实际经济周期理论那里没有作用，在新凯恩斯主义经济理论那里让位于货币政策。在实践方面，相对于货币政策，财政政策在实施过程中极易受到政治上的压力，决策严重滞后。

具有实际经济周期理论传统的DSGE框架，保留了完全竞争、充分就业、市场出清、价格完全弹性、理性预期等新古典元素。在一个标准的实际经济周期模型中，由于扩张性政府支出政策减少了经济的总资源，产生了负的财富效应，从而挤出了私人消费，产出乘数小于1，消费乘数为负值，所以扩张性政策是无效的（Hall，2009；Woodford，2011）。但是经验分析发现，政府支出政策在短期内一般都挤入了私人消费（Fatás & Mihov，2001；Blanchard & Perotti，2002；Mountford & Uhlig，2009；Fisher & Peters，2010），这在文献中被称为财政政策之谜。因此，为了协调理论与经验上的不一致性，人们开始在理论上探究如何减弱甚至消除模型中的负财富效应，寻找政府支出政策挤入私人消费的种种可能机制，先后在模型中引入了不可分效用（消费劳动互补性）、公共支出与私人支出互补性、公共支出外部性等因素。但是，Bilbiie（2009）表明，在RBC框架中消费挤入效应不可能得到合理的解释，因为RBC模型忽视了市场不完全因素。

在模型中引入垄断竞争和价格粘性，是具有新凯恩斯主义传统的DSGE模型试图解释财政政策之谜的一个自然逻辑起点。在垄断竞争中间品具有价格粘性的情况下，政府支出扩张带来产出需求增加，导致了厂商边际成本增加；由于边际成本是厂商价格加成的倒数，所以价格加成是逆周期变动的；由于政府支出扩张导致了总需求扩张，价格加成下降，结果是劳动需求增加；随着劳动需求的充分扩张和均衡工作时间的增加，工资将会随之增加，使得消费增加成为可能（Woodford，2011）。然而，Linnemann & Schabert（2003）表明：即使同时引入垄断竞争和价格粘性，也无法保证消费一定被挤入。

Ravn，Schmitt - Grohé & Uribe（2006）考虑在偏好函数中引入"深度习惯"[①]（Deep Habits）以产生内生的逆周期加成变动。他们表明，即使在缺乏价格粘性的情况下，深度习惯机制可以产生足够大的加成变化以保证

① 这里的深度习惯是指消费者对个别种类的产品而不是对总消费量形成消费习惯，Ravn，Schmitt - Grohé & Uribe（2006）把后者称为"表层习惯"（Superficial habit）。

消费被挤入。Galí，López – Salido & Vallés（2007）在模型中引入了一定比例的非李嘉图型消费者（Non – Ricardian Consumers），或者是由于遵循所谓的拇指规则①（Rule of Thumb），或者是因为没有进入金融市场的机会，他们不能对消费作出最优选择，每期只能消费全部可支配收入。虽然能够最优选择消费的李嘉图型消费者仍然因负财富效应而减少消费，但是如果遵循拇指规则的消费者在均衡时足够大地增加消费水平，那么扩张性政府购买支出就可以使得总消费增加。

在国际金融危机之初，各国中央银行几乎都将名义利率降低为零，货币政策已无用武之地，决策者又把眼光投向了财政政策，并推出了大规模财政刺激计划。此时理论关注的重点问题是：在名义利率“零下界”，财政政策的产出效应到底有多大？Hall（2009）表明，如果正常时期的产出乘数为1，那么在这种零名义利率情况下，产出乘数可以达到1.7。Christiano，Eichenbaum and Rebelo（2011）表明，如果名义利率保持12个季度不变，那么产出乘数将最高达到2.3。政府支出政策在“零下界”状况下具有更大刺激效应的原因是：扩张性政府支出导致预期通货膨胀增加，当名义利率保持不变时，预期通货膨胀增加将使得实际利率下降，因此将促进私人投资进而促进了总产出，产生更大的产出乘数。

DSGE模型中的不同理论预测结果，表明财政政策效应取决于模型设定的经济结构和经济环境。结构和环境不同，财政政策的传导机制就会不同，进而政策效果也会不同甚至相反。在具有RBC传统的模型中，财政政策影响私人经济的主要渠道是财富效应和跨期替代效应；而具有NK传统的模型，认为经济存在名义刚性和实际刚性，资源未得到充分利用，家庭受到流动性约束，经济主体具有短时性等不完全因素，财政政策可以导致私人消费和投资增加，从而具有更大的政策效果。因此，DSGE框架中的RBC模型与NK模型之争的焦点，主要是如何理解财政政策的传导机制。

---

① 拇指规则，据说是来源于木工工人，他们不用尺子，而是伸出拇指来测量木材的长度或者宽度。在管理学、经济学和教育学中，经常把“拇指规则”引申为一种试探法、经验法、启发法。

回顾理论演进历程可以看到，关于政策的有效性一直是理论纷争的焦点。这些争论涉及财政政策的需求管理作用与供给管理作用、长期效应与短期效应、静态效应与动态效应、比较静态均衡效应与动态一般均衡效应等领域，人们的认识在这些争议中得到了发展和深化。然而，理论上关于财政政策的长短期效应依然不是很清晰。不同经济学流派之所以得出了不同的结论，是因为不同学者在研究这一问题时所选择的行为假定和制度环境存在差异。现实中的政策调控实践，只能随着经济和制度环境的不断变化而做出适时的动态调整。

## 2.3　政策实践的国际经验

财政政策一直是世界各国政府干预宏观经济运行的一个主要手段①。总结财政政策的国际实践经验，美国提供了一个比较理想的样本。20 世纪 30 年代以来，美国政府先后实施了多种类型的财政政策，比较典型的就有“汲水”性财政政策、补偿性财政政策、增长性财政政策、供给性财政政策、结构性财政政策等。本书依据政策调控对象和思路不同，进一步地将美国财政政策实践归纳为三种类型：一是需求管理型财政政策，包括 20 世纪 30—70 年代期间三种类型的政策实践；二是供给管理型财政政策，包括 20 世纪 80 年代里根政府和 21 世纪初小布什政府两个时期的减税政策实践；三是结构性财政政策，包括 20 世纪 90 年代克林顿政府时期和 2009 年起奥巴马政府的财政政策实践。详见表 2 - 3。

① 尽管理论上对政府及其经济政策的作用各有主张，但在现实世界中，谁也无法否认政府在经济稳定和经济发展中的重大作用。

**表 2－3　美国财政政策实践历程**

| 政策类型 | 政策实践 | 实施时期 | 主要措施 | 政策效果 |
|---|---|---|---|---|
| 需求管理型财政政策 | 汲水性财政政策 | 罗斯福新政时期 | 以工代赈，扩大公共投资，加大公共工程建设 | 促进了就业和增长，赤字规模上升 |
|  | 补偿性财政政策 | 杜鲁门和艾森豪威尔政府时期 | 财政复式预算；特别预算用于公共工程、住宅建设、失业保险等，资金来源借债；据形势随办随停 | 没有严重财政赤字和通货膨胀，但经济增长速度非常缓慢 |
|  | 增长性财政政策 | 肯尼迪、尼克松、卡特政府时期 | 扩张性政策长期化，实行长期预算赤字政策，扩大支出。但是，大规模减税行动最终成为主要内容 | 迎来十年经济发展的黄金时代，但财政赤字规模不断扩大。在供给冲击下，最后导致经济出现“滞胀” |
| 供给管理型财政政策 | 减税政策 | 里根政府时期 | 三阶段大幅度削减个人所得税和公司所得税，简化税制，放松规制 | 经济复苏，低失业、高物价，财政赤字膨胀，贸易赤字增加 |
|  |  | 小布什政府时期 | 实施十年减税计划和四个减税方案，降低税率和简化税制，大幅度增加国防支出 | 经济有增长但速度缓慢，低通货膨胀，后期紧缩性政策直接导致次贷危机爆发 |
| 结构性财政政策 | 结构性财政政策 | 克林顿政府时期 | 增中有减的税收结构调整（对高收入者增税，低收入者减税），减中有增的支出结构调整（精简政府机构，削减非生产性支出，增加生产性支出，增加研发投入） | 造就十年经济增长，低失业率、低通胀率、高增长率，财政重建、赤字降低，国家创新能力和竞争能力显著增强 |
|  |  | 奥巴马政府时期 | 实行总额 7870 亿美元的经济刺激计划和 2750 亿美元的减税计划，启动大规模公共工程建设；第二任期，增税减支，实行“先进制造业伙伴计划”，重振制造业，促进贸易出口，支持新能源研发 | 经济增长缓慢复苏，财政赤字和债务越来越大，重塑美国竞争优势任重道远 |

### 2.3.1　需求管理型政策实践

作为短期需求管理工具的财政政策，在 20 世纪 30 年代到 70 年代末，成为美国政府熨平经济波动的主要手段。在这段时期中，美国先后实施了“汲水”性财政政策、补偿性财政政策和增长性财政政策三类政策实践。

“汲水”性财政政策，是“罗斯福新政”应对大萧条的一项主要政策措施，本质上是一种扩张性政府支出政策。其核心逻辑是：通过一次性向经济运行过程注入财政资金，达到启动市场、启动投资、促进增长的目的，最终使经济恢复自身的活力①。主要手段是扩大公共投资和以工代赈，用于公共工程，如加快交通、港口等基础设施建设等（陈共和昌忠泽，2002）。但是，作为诱导经济复苏的政策，它具有短期性和临时性特点，随着经济的复苏而退出。从实施效果来看，“汲水”性财政政策有力地促进了就业和增长，1934—1936 年美国实际 GDP 增长率连续三年达到 10%，其中政府支出的贡献分别为 1.98、0.43 和 2.5 个百分点（王燕武，2014）。然而，这项政策也直接导致政府财政赤字规模上升，赤字问题开始逐渐成为美国此后挥之不去的梦魇。

如何面对扩张性财政政策带来的财政赤字扩张，需要理论和实践作出回应。新古典综合派学者汉森认为，政府在确定预算时，不能把平衡财政收支作为准则，而是要按照私人消费和投资支出的数量来安排预算，使私人消费和投资支出与政府支出的总额保持在可以达到充分就业的水平。也就是说，政府应实施补偿性财政政策②，即在经济萧条时期要扩大政府支出，降低税率，减少税收，实行赤字财政，以刺激社会总需求；在经济繁荣时期要压缩政府支出，提高税率，增加税收，抑制社会总需求，造成财政盈余，使两个时期的财政亏盈相互补偿（尹伯成，2005）。这样，就可以消灭危机，消除经济周期波动。不必担心赤字，不必强求年度预算平衡，只要在一个经济周期内能够实现收支平衡即可。

---

① “汲水”性财政政策是由美国凯恩斯主义者汉森后来命名的，意指这种政策类似于在抽取地下水时，如果泵里没有水就无法抽取地下水，这时往水泵里注入少量引水，就可以恢复泵的抽水功能。由于凯恩斯的理论出现在新政之后，因此“汲水”性财政政策后来被认为是对凯恩斯理论无意识的实践尝试，客观上证明了凯恩斯主义扩张性财政政策在经济萧条时期具有积极效果。

② 补偿性财政政策的“补偿”，是指用财政支出的增加或减少来补偿私人投资和消费的减少或增加。

受此影响，杜鲁门和艾森豪威尔两届政府实施补偿性财政政策以应对经济危机。补偿性财政政策采取复式预算，即把预算分成两个组成部分：一是普通预算，资金来源于税收；二是特别预算，即属于补偿性措施的支出，资金来源于政府借债。特别预算安排的资金，使用在公共工程、住宅建设、失业保险等项目，随经济环境变化而随增随减、随办随停（昌忠泽，2004）。补偿性财政政策突破了传统平衡预算观点的束缚，强调周期性预算平衡，使预算能够依据总需求和总供给关系的变化而灵活调整。然而，这种政策的结果，虽然是经济中没有出现严重的财政赤字与通货膨胀，但经济增长的速度非常缓慢，特别是1953—1960年间美国实际GDP年均增长2.5%。由于同时期的德国、法国和日本等国的增长速度大大高于美国，因此这一时期被称为"艾森豪威尔停滞"（Stein，1996）。

为了摆脱经济停滞状态，加快经济增长，新古典综合派的赫勒和托宾提出了增长性财政政策主张，认为应把凯恩斯主义的短期扩张性财政政策长期化，不但在萧条时期实行扩张性财政政策，而且即使经济回升，只要实际产出低于充分就业时的潜在产出，也要运用扩张性政策。也就是说，增长性财政政策是以充分就业与经济增长为目标的长期预算赤字政策（王志伟和毛晖，2003）。这一政策思想把政府从过分担心财政赤字的框框中解放出来。

增长性财政政策采取的措施主要是扩大支出和减税。肯尼迪政府实行增长性赤字财政政策和连续不断的刺激性减税政策，取得了显著的成效，失业率从1963年的5.7%下降到两年后的4.5%，国民经济年增长率达到5.6%，克服了经济停滞（贾康和刘薇，2009）。约翰逊执政时期，一方面扩大军事开支，另一方面提出向"伟大的社会""福利国家"前进等执政构想，在实践中把政府干预经济的规模和力度扩大到空前范围（秦嗣毅，2003）。由于扩大政府支出以增加有效需求的办法，在实践中遇到了巨大的阻力，唯一可行的措施就是减税，因而减税政策成为约翰逊政府增长性财政政策的主要内容。《1964年税收法案》把个人所得税的边际税率，从20%~91%降低到14%~70%；预扣税率直接从18%降低到14%，以鼓励消费支出；公司所得税率从52%降低到48%（Stein，1996）。这项减税政策是在战后经济没有处于衰退阶段，而主动实施的一次大规模的减税行动，旨在扩大私人需求，实现在充分就业基础上的长期增长。

事实证明，增长性财政政策确实带来了美国战后经济发展的黄金时代。从1961年2月到1969年12月，美国经济持续增长了106个月。其中，1964年和1965年国民生产总值分别增长了7.1%和8.3%（郭守杰，2006），1969年失业率只有3.5%，达到了凯恩斯主义者所认为的充分就业水平（王志伟和毛晖，2003）。然而，增长性财政政策带来的后果是财政赤字规模的不断扩大。尼克松、福特和卡特等政府后来又多次实施了扩张性财政政策，使得美国财政赤字更加膨胀。巨额赤字与货币扩张、供给冲击等因素结合在一起，最终导致20世纪70年代的“经济滞胀”问题[①]。

美国战后所实行“汲水”性财政政策、补偿性财政政策和增长性财政政策，从本质上来说，都是在凯恩斯主义思想指导下管理总需求的政策手段[②]。三类政策都在不同程度上以赤字为手段，通过扩张性政策措施，努力实现经济稳定增长的目标，既有成功经验，也有不利后果。从中可以认为：无论实施哪一种政策类型，都需要对经济形势作出准确的判断并主动采取措施，选择好时机和力度；为了防止财政状况长期不可持续，一般不宜采取持久的增长性扩张政策；政策的目标定位应该合理适中，应把短期稳定目标与中长期增长目标结合起来。

### 2.3.2　供给管理型政策实践

20世纪80年代里根政府和21世纪初小布什政府，先后都提出了减税政策。然而，与增长性财政政策的减税措施不同，这两个时期减税政策背后的信念，是经济自由的传统，着眼点是供给而不是需求，属于供给

---

① 为应对经济滞胀现象，德国政府在20世纪70年代中后期、法国政府在1982年开始实施扩张性的财政政策，期望通过增大公共开支和扩大财政补贴来刺激经济增长，但没有达到重振长期经济增长的目标，相反却造成了财政状况的严重恶化。

② 陈共和宋兴义（2007）认为，凯恩斯主义的需求管理政策不是战后日本经济高速增长时期的宏观经济政策主旋律，财政政策更接近于美国罗斯福新政时期的“汲水”政策，具有短期性、临时性特点，这是因为在这一时期，需求不足并非经济增长的严重障碍，萧条持续时间通常不超过12个月就转向景气。

管理型财政政策实践。

面对经济滞胀，在新自由主义经济思想的影响下，里根政府采用了供给学派的政策主张，实行了以减税和简化税制为特征的财政政策[①]。主要措施包括：通过加速折旧、降低利息税、公司所得税和资本增值税，放松对企业管制等方法刺激资本形成；通过大幅度削减个人所得税率，鼓励人们把更多的时间用于工作；通过对研究和开发费用免除税赋，激发私人部门进行研发和技术创新的热情。特别是《1986 年税制改革方案》大幅度降低税率，使个人最高税率从过去的 50% 降低到 28%，档次由 14 级简化为 2 级；公司所得税最高税率由 46% 下降到 34%。这次税制改革使 600 万纳税人免去税赋（秦嗣毅，2003）。同时，为了削减财政赤字，大力压缩联邦政府支出，削减了 200 多个社会福利开支项目。

里根政府的减税政策，将经济政策的重心由需求方面转向了供给方面，强调了宏观经济政策的微观基础，使市场机制保持强大的生命力。它促成了 20 世纪 80 年代美国经济的复苏和繁荣。从 1983 年到 1988 年，美国经济确实享受着低失业率、物价稳定的舒适安逸。然而，由于减税和国防支出的扩张，使得财政赤字不仅没有减少反而翻了几番，联邦政府继续背负巨额赤字运行，赤字率平均达到 GDP 的 4%，而且还存在着几乎同样规模的贸易赤字（R. A. 马斯格雷夫和 P. B. 马斯格雷夫，2003）。

尽管里根政府的财政政策体现的是供给学派和新自由主义思想，然而在实践上却更具有凯恩斯主义色彩。这是因为：虽然减税的目的是通过促进资本形成而增加供给能力，但减税同时也是刺激总需求扩张的工具；投资具有短期需求效应和长期供给效应，事实上减税政策并没有更多地显现出长期效应，而只是表现出了一定的短期效应（王志伟和毛晖，2003）。此外，国防开支的扩张，在性质上也属于凯恩斯主义的扩张性政策。尽管如此，里根政府的减税政策实践还是有贡献的，至少它拓展了财政政策调

① 与此同时，德国的财政政策也由需求调节转向供给调节，实施了与美国相类似的政策措施：一是降低个人和企业所得税；二是控制财政支出的增长幅度，并调整支出结构，减少对亏损企业的补贴；三是减少赤字和政府债务等。

控经济的新思路，即通过减税而改善供给的供给管理思路。

2001 年美国经济增长开始放缓，结束了长达 10 年的增长周期，失业率上升、消费和投资持续低迷。小布什政府重拾里根经济学，奉行供给主义政策，出台了多个减税法案，大幅度提高国防支出。2001 年 5 月国会通过十年期减税计划，减税总规模达到 1.35 万亿美元，主要措施包括：将低收入家庭的所得税削减 40% ~50%，把原有的五种个人所得税率简化成四种并降低 5% 以上，逐步取消遗产税，为企业研发部门提供一定的减税额。2001 年 10 月又通过了新的 1000 亿美元减税计划以刺激投资增长。2003 年 5 月国会再次通过总额为 3500 亿美元的减税法案，核心是取消对个人股票红利的税收，以鼓励投资和振兴股市。2008 年 1 月，布什政府提出实施总额达 1450 亿美元的第四个减税方案。在减税的同时，大幅度增加了国防支出，在医疗保险、高科技、教育、环境等方面增加拨款。

从政策效果来看，小布什第一任期内的经济表现欠佳，实际 GDP 虽有增长但速度缓慢，到 2004 年年均增长 2.5%，是战后历届总统任期内最疲软的表现，但通货膨胀率年均约为 2%，是自肯尼迪以来最低的通货膨胀率。到小布什第二任期，美国经济形势发生了变化，经济回升且出现过热趋势，政策调控开始转而防止经济过热，同时实行紧缩的货币政策，2004 年 6 月开始连续 17 次提高利率。在双紧缩政策的作用下，虽然经济得以降温，但是利率的频繁上升，最终导致了次贷危机的爆发。2008 年 10 月，布什政府又通过了 7000 亿美元的应急救援法案，这也使得美国当年的财政赤字达到 4800 亿美元的最高纪录。

### 2.3.3　结构性财政政策实践

在美国财政政策实践中，20 世纪 90 年代克林顿政府的结构性财政政策具有浓墨重彩的一笔①。克林顿担任总统初期，美国经济复苏缓慢，失

① 在大致相同的时期，日本则实施了大规模的财政刺激计划。1992 年 8 月至 2002 年 2 月，日本政府共实施了 12 项财政扩张型方案，主要是公共投资计划。一个共识是效果十分有限，政府支出并没有对私人行为起到明显的拉动作用，经济也没有出现持久性复苏，但债务规模急剧膨胀，到 2003 年债务规模达到了 GDP 的 160%。参见：Bénassy – Quéré A.，et al(2010)。

业率居高不下，巨额的财政赤字几乎增长失控。在这种不利的情况下，克林顿政府在新凯恩斯主义和内生增长理论的影响下，实施了一系列短期内削减财政赤字、长期内刺激经济增长的结构性财政政策。这种政策实践可以概括为两个方面：增中有减的税收结构调整和减中有增的支出结构调整。

在税收结构调整方面，克林顿政府决定对高收入者提高税率，而对中低收入家庭和小企业实行减税，从而通过增中有减的结构改革，实现5年内增税2410亿美元的总体目标。年收入在18万美元以上的，个人所得税税率由31%提高到36%；年收入超过25万美元的，还额外征收10%的附加税；年应税收入在1000万美元以上的公司，所得税率由34%增加到36%；但是，年收入在3万美元以下的个人或家庭则无须缴税。同时，为了促进新技术发展，对创建新企业而进行风险投资的个人和企业实行税收减免。

在支出结构调整方面，通过减中有增的结构改革，计划减支2550亿美元。减支措施主要有：大幅精简政府机构，裁减20万公务员；压缩行政开支，削减了150个支出项目；大力削减军事支出，关闭了20个海外军事基地（张云峰和苏超，2001）。在削减非生产性支出的同时，大规模增加生产性支出，加大了对交通、通讯、环保、能源、住房即社区开发等基础设施建设的投入。另外，还通过投资教育、职业培训、研发等来开发人力资源。

结构性财政政策最为显著的一个特征，就是这种总体紧缩性财政政策伴有明显的结构性特征，使具体的财政政策微观化，发挥了财政政策的供给管理作用，优化了产业结构，促进了经济的内生增长。实行向高科技领域倾斜的产业政策、技术政策和贸易政策，大幅度增加科技投入①，鼓励企业开展技术创新。优先把生物技术、特种材料和新能源等10个部门作为

---

① 例如，从1990年到1995年，美国的研发经费增加了近3倍，平均每年递增200亿美元，研发经费占GNP的比重为2.8%，居世界首位。

重点领域加以扶持。1993 年开始实施“信息高速公路计划”，使信息产业的地位在 1996 年超过了传统制造业，成为美国最大的产业部门。与此同时，加大对制造业技术改造的投入力度，鼓励企业进行技术创新以增强竞争力，使得传统产业也通过技术创新恢复了活力。

结构性财政政策取得了明显的经济效果：一是造就了美国近十年的经济增长。经济呈现出低失业率、低通货膨胀率和高速经济增长的良好态势，被称为战后美国经济真正的“黄金时代”。从 1991 年 3 月到 2000 年 12 月，美国经济经历了战后最长的一次持续增长期，历时 118 个月。二是美国财政经历了一个由赤字转为盈余的过程，即“财政重建”的过程。这种转变实质上是经历了一个由“外生性超均衡预算”向“内生性超均衡预算”转变的过程①。财政重建增强了人们对经济前景的信心，引起长期利率的下跌，推动了资本市场的繁荣。财政政策的运用，也缩小了十分严重的收入分配两极分化的程度，拉动了消费市场的繁荣。三是国家创新能力和竞争力显著增强。知识技术密集型产业成为最具竞争力的产业，电脑、软件和半导体等新技术产业取得世界技术领先地位，并创造出全球市场对其新产品的需求（秦凤鸣，2001）。

2008 年随着次贷危机的爆发，美国经济再次步入衰退进程。为应对次贷危机引发的全球金融危机，奥巴马政府于 2009 年提出了总额为 7870 亿美元的经济刺激计划，以减少失业、促进私人投资，承诺将对中等收入及以下人群实施减税而对富人阶层增税，以刺激私人消费需求的复苏②。主要内容包括：启动大规模公共工程建设计划，计划创造至少 250 万个工作岗位；更新联邦建筑物旧的暖气系统，使联邦建筑节能化；为全国学校安装节能系统，为教室购置新计算机；在全国范围内扩展宽频网络系统，使

---

① “外生性超均衡预算”是指政府根据经济情况，从解决问题的需要出发，人为制定的通过提高税率、减少财政支出而达到的超均衡预算的状态；而“内生性超均衡预算”是指由于经济高速增长促使财政收入中税收自然增长，以致远远超出财政支出额而达到的财政预算赤字减少、收支平衡或盈余的超均衡预算财政政策。参见王汉儒（2009）。

② 2008 年 8 月至 2009 年春，日本连续提出了五个一揽子财政刺激计划，以应对经济的急剧紧缩，使得总公共债务占 GDP 的比重上升至近 200%。

更多的人能够使用互联网；更新医疗机构的设备，推进病历电子化，并给低收入阶层提供医疗保险；实行总额为2750亿美元的减税计划，以刺激居民消费支出；推进清洁能源的开发，以进一步提高环境治理（张志超和姜欣，2012）。

由于严峻的债务和赤字形势严重地威胁着美国经济[①]，奥巴马政府在第二个任期内面临着增税减支、重塑预算平衡的艰巨任务。2013年，美国民主、共和两党达成初步妥协，对高收入人群实行增税，家庭年收入45万美元、个人年收入40万美元及以上的个人所得税税率从35%提高39.6%；大幅度削减国防预算，减少海外驻军经费，严控养老医疗费用支出，优先安排教育、基础设施和创新支出；把振兴制造业和促进贸易出口作为主要增长点，实行“先进制造业伙伴计划”，以去“空心化”的方式夯实经济增长的基础，并努力提高就业水平。2013年，联邦预算拨款1130亿美元，对特定制造业团体给予资金援助，改善制造业基础设施和研发设备，吸引更多制造企业将研发、生产和分销等环节留在美国本土。将制造业营业税率降至25%，对制造业研发实行永久性税收抵扣。利用税收杠杆等手段，促进新能源汽车的研发和生产，引导消费者选择节能产品。投入3500万美元，继续对太阳能、先进生物柴油、碳捕获等关键清洁能源研发提供支持（孙立鹏，2013）。

这一类似于克林顿政府结构性财政政策的实践效果将会如何呢？从目前来看，尽管经济增长率的恢复较快，但失业率仍居高不下，没有明显降低，而且越来越大的财政赤字成为国会两党恶斗的工具、国际社会担忧的焦点。不断膨胀的财政赤字和巨额债务，对财政政策选择形成了强有力的约束，既影响了短期人们的市场信心，又成为经济长期稳定发展的隐患。因此，如何尽快降低失业率和不断膨胀的财政赤字，将是奥巴马政府经济政策能否取得成功的关键所在。

---

① 2012年美国财政赤字达到1.316万亿美元，占GDP的8.7%；联邦政府债务高达11.28万亿美元，占GDP的72.5%（The Budget and Economic Outlook: Fiscal Years 2013 to 2023, CBO, Feburary 2013, p. 3）。

上述分析表明，财政政策始终是美国政府干预经济运行的一个重要手段，政策类型依经济形势的发展而不同，同时也深受经济理论和政策理论的显著影响，反经济衰退和治理通货紧缩的扩张性政策是主流[①]。在调控经济的思路上，既有需求管理又有供给管理，并日益呈现出需求管理与供给管理相结合的特点[②]。其中，需求管理的思路是以政府支出、税收和国债三项主要政策工具为载体，根据宏观经济形势的需要，进行扩张、紧缩或中性的操作，倾向于短期运作，通过影响消费需求和投资需求，使实际产出水平达到潜在产出水平。具体到扩张性财政政策，就是通过增加政府支出、减税和发行国债的方式进行运作[③]。供给管理的思路是着眼于促进长期经济增长，而不是平滑经济周期性波动，利用减税政策和税制改革刺激生产要素的供给，同时更加注重调整政府支出结构，带动对基础设施、人力资本和研发的投入，促进产业升级，改善经济结构，提高供给的能力和质量，从而在长期内提高经济的潜在产出水平。

---

① Bénassy - Quéré A. , et al(2010)认为，尽管美国各届政府在政策理念和实践上差异很大，但是总体而言美国财政政策一直体现出逆周期调控的相机抉择特征。

② 粗略地讲，美国政府的财政政策以里根政府为分界线，前后可以划分为以需求管理为主和供需管理相结合的两个阶段。

③ 这三项政策工具并非一定同时使用，需要政府根据经济环境作出判断。例如，1964 年肯尼迪—约翰逊政府的增长性财政政策就主要依靠减税来刺激产出，没有扩张政府支出。

# 第3章 政策实践历程与主要特征

1993—2012 年，中国政府基于宏观经济运行形势，先后实施了四轮财政政策，为稳定经济波动、优化经济结构和促进经济增长，进行了丰富的政策实践。本章依据主要经济指标的时间序列数据，梳理这一时期的财政政策实践历程，总结政策实践的主要特征。这不仅有利于理解和把握财政政策实践的统计规律性，也有利于构建后续政策效应评估的研究基础。本章的结构安排如下：3. 1 节通过主要宏观经济指标的描述性统计和财政体制改革进程的回顾，简要分析 1993—2012 年财政政策的实施背景；3. 2 节依时间顺序总结梳理四轮财政政策实践的主要措施；3. 3 节在 3. 2 节的基础上，进一步总结归纳出我国财政政策实践的总体特征和措施特点。

## 3. 1 政策运行背景

### 3. 1. 1 增长型经济波动

1993—2012 年，我国宏观经济总体上保持快速增长的态势，实际 GDP 年均增长 10. 31%①，2012 年的实际 GDP 是 1993 年的 6. 73 倍。但是，由于受到国内外各种因素的影响，宏观经济具有总量波动的特征②。如图

① 本章中的数据除特别说明外，主要来自中国统计数据应用支持系统和国研网数据库。水平数据用当年的名义值表示，增长率数据除特别说明外，都是用 1978 年为基期的居民消费价格指数计算出。

② 严格来说，这一时期的经济波动属于增长型波动，也就是说，波动表现为一种对均衡增长路径的偏离，而不是经济总量的绝对上升或下降。

3 – 1所示：实际 GDP 增长最快的是 1993 年，达到 15. 55%；增长最慢的是 1999 年，只有 6. 60%，上下相差 8. 90 个百分点。通货膨胀率在 1994 年达到 24. 13% 的高位后逐渐下行[①]，到 1999 年达到谷底 – 1. 41%，此后总体上是在低位上震荡徘徊，1999—2012 年平均通货膨胀率为 2. 31%。就业市场波动起伏较大，城镇登记失业人数年均增长 4. 86%[②]，而且在 1993—2003 年期间具有较大的波动性。

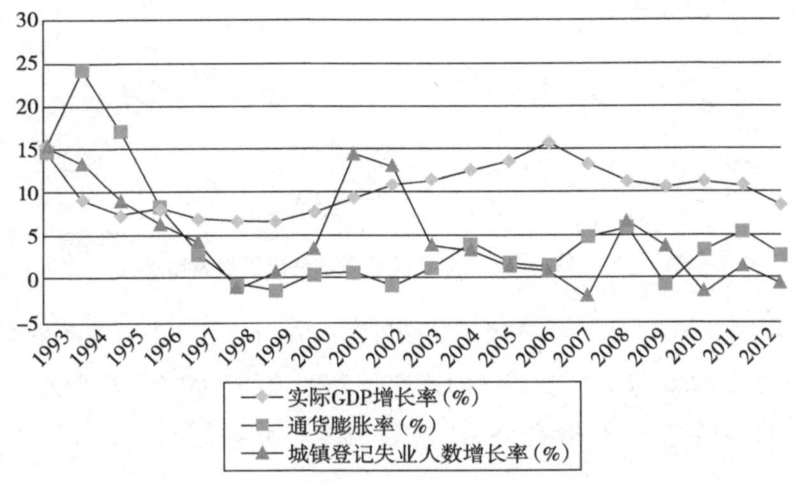


**图 3 – 1　1993—2012 年我国宏观经济总体运行形势**

与宏观经济波动相应的，是总需求构成因素的波动。如图 3 – 2 所示：从拉动经济增长的“三驾马车”，即消费、投资和出口的增长波动趋势来看，出口波动最大，投资次之，消费最小，这也说明了在这段时期内，影响我国短期经济波动的需求因素主要是外部需求和投资需求。尽管居民消费水平保持较为平稳的增长趋势，年均实际增长 9. 34%，但从 2000 年起，在总需求中的比重一直呈下降趋势，从 46. 43% 降低到 2012 年的 35. 70%。私人投资方面，年均实际增长 12. 42%，最快增长的为 1993 年的 36. 38%，最慢增长的为 1997 年的 1. 13%，上下相差 35. 25 个百分点，波动标准差

① 本章中的通货膨胀率是通过居民消费价格指数 CPI 的换算而得。

② 本章中的劳动市场就业情况用城镇登记失业人数增加率来表示。

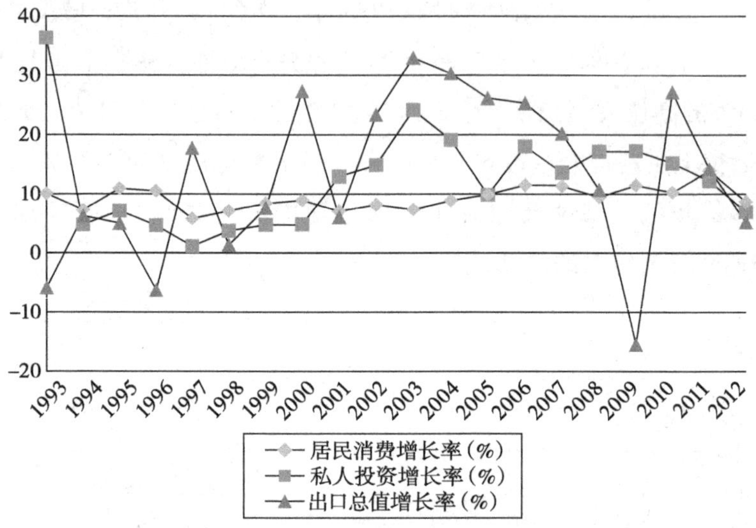


图 3-2　1993—2012 年我国总需求构成因素波动趋势

为 8.44 个百分点。由于经济极易受到外部因素的冲击，出口波动最大，年均实际增长 12.96%，增长最快的速度为 2003 年 33.00%，最慢的是 2009 年的 -15.41%，上下相差 48.41 个百分点，波动标准差为 13.64 个百分点。

### 3.1.2　经济运行阶段特点

我国经济学界在分析 1993—2012 年总体经济形势时，一般将其分为四个时段，即 1993—1997 年、1998—2004 年、2005—2007 年和 2008—2012 年。各时期宏观经济运行特点如表 3-1 所示。

从实际 GDP 指标来看，2005—2007 年间经济增长最快，年均增长 14.16%；1998—2004 年间增长最慢，年均增长 9.25%；1993—1997 年间实际 GDP 增长率波动最大，标准差为 3.57%；2008—2012 年间增长率波动最小，标准差为 1.15%。

表3-1 我国宏观经济运行的阶段性特征 (%)

| 经济指标 | | 1993—1997 | 1998—2004 | 2005—2007 | 2008—2012 |
|---|---|---|---|---|---|
| 实际GDP增长率 | 年均 | 9.35 | 9.25 | 14.16 | 10.44 |
| | 标准差 | 3.57 | 2.41 | 1.38 | 1.15 |
| 通货膨胀 | 年均 | 13.40 | 0.46 | 2.70 | 3.29 |
| | 标准差 | 8.20 | 1.78 | 1.82 | 2.63 |
| 城镇登记失业人数增长率 | 年均 | 9.74 | 5.42 | 1.45 | 2.06 |
| | 标准差 | 4.64 | 5.98 | 1.87 | 3.34 |
| 居民消费增长率 | 年均 | 8.90 | 7.99 | 10.90 | 10.75 |
| | 标准差 | 2.27 | 0.81 | 0.88 | 2.04 |
| 私人投资增长率 | 年均 | 10.80 | 12.04 | 13.81 | 13.74 |
| | 标准差 | 14.46 | 7.95 | 4.08 | 4.32 |
| 出口总值增长率 | 年均 | 3.38 | 18.42 | 23.87 | 8.35 |
| | 标准差 | 9.94 | 13.04 | 3.22 | 15.54 |

从通货膨胀指标来看，1993—1997年间通货膨胀最为严重，年均通货膨胀13.40%，且通货膨胀率波动最大，标准差为8.20%；1998—2004年间通货膨胀率最低，年均通货膨胀率为0.46%，且波动最为平稳，标准差为1.78%。

从城镇登记失业人数指标来看，1993—1997年间增长最快，年均增长9.74%；2005—2007年间增长最慢，年均增长1.45%；1998—2004年间波动最大，标准差为5.98%；2005—2007年间波动最小，标准差为1.87%。

从居民消费指标来看，2005—2007年间增长最快，年均增长率达到10.90%；1998—2004年间增长最慢，年均增长率为7.99%；1993—1997年间，居民消费增长波动最大，标准差为2.27%；1998—2004年间波动最小，标准差为0.81%。

从私人投资指标看，2005—2007年间投资增长最快，年均增长13.81%，且波动最小，标准差为4.08%；1993—1997年间增长最慢，年均增长10.80%，且波动最大，标准差为14.46%。

从出口指标来看，2005—2007 年间出口增长最快，年均增长 23.87%，且波动最小，标准差为 3.22%；1993—1997 年间出口增长最慢，年均增长 3.38%；2008—2012 年间出口波动最大，标准差为 15.54%。

综合上述分析可以看出：2005—2007 年在四个时段中，经济运行状态最好，体现了高增长、低通胀、低失业、消费投资出口平稳快速增长的态势。

### 3.1.3 财税体制改革

我国的财政政策实践，始终伴随着财税体制改革的努力。政府逐步建立了事权与财权相匹配的财政管理体制，大力推进税制结构优化，不断完善预算管理制度，从而为财政政策顺利运行提供了体制环境。

1993 年 12 月，国务院发布《关于实行分税制财政管理体制的决定》，自 1994 年起全国统一实行分税制的财政管理体制①，分别设置中央与地方两套税务机构。分税制基本理顺了中央与地方的财政分配关系，调动了各级政府理财积极性②，建立了财政收入稳定增长的机制。其后，根据新体制运行和宏观调控的实际需要，对中央和地方收入划分又作了一些后续调整③。根据分税制的安排，建立了政府间财政转移支付制度。1995 年《过渡期转移支付办法》出台，通过增量改革的方式，由中央财政安排一部分资金，解决地方财政运行中的主要矛盾。2002 年开始，原来的过渡期转移支付概念不再沿用，统一为“一般性财政转移支付”。

1994 年，按照“统一税法、公平税负、简化税制、合理分权”的原则，建立了以增值税为主体、消费税和营业税为补充，以公平、中性、透

① 分税制在实质上就是市场经济国家通常采用的分权型预算制度——财政联邦主义体制。财政联邦主义的要点，正在于按照各种财政支出责任的性质确定各级政府的收入和支出结构。参见吴敬琏(2009)。

② 根据张军等(2016)的研究，分税制改革改变了地方政府的约束和激励机制，让地方政府的恶性竞争变成了实现经济增长而展开的良性竞争，导致了 1994 年后工业化和资本积累的加速，成为理解中国经济快速发展机制的关键因素。

③ 例如：2002 年实行所得税分享改革，改变企业所得税按照行政隶属关系共享的做法，而按比例进行分享，等等。

明和普遍征税为特征的现代流转税制度。这是新中国成立以来规模最大、范围最广泛、内容最深刻的一次税制改革①。随后，根据实际需要又继续推进增值税、所得税和农业税等改革。2004 年开始在东北启动生产型增值税转型消费型增值税试点，2009 年起全国所有地区、所有行业推行增值税转型改革，修订了《中华人民共和国增值税暂行条例》。2012 年在前一年上海试点基础上，继续在 8 省市试点营业税改征增值税②。2007 年，《中华人民共和国企业所得税法》获得通过，企业不分内外资，使用同一套税制，税率统一为 25%，内资企业获得了与外资企业公平竞争、共同发展的机会。2006 年、2008 年和 2011 年，三次提高了个人所得税起征点。2000 年农村税费改革在安徽全省试点。2006 年起全面取消农业税和农业特产税。

1995 年，《中华人民共和国预算法》开始施行，规定中央政府经常性预算不列赤字，地方各级预算按照量入为出、收支平衡的原则编制，不列赤字。中央财政赤字主要通过发行国债的办法弥补，不再向中国人民银行透支或借款。其后，继续完善预算管理体制。2007 年，实施政府收支分类改革，是收支分类调整幅度最大的一次改革。政府采购制度从 1996 年开始试点，1998 年开始全面试点，2003 年通过《政府采购法》。2001 年，中央财政启动国库集中收付制度改革，建立以国库单一账户为基础、资金缴拨以国库集中收付为主要形式的国库管理制度，到 2006 年，国库集中支付改

---

① 改革开放以后，我国通过两步“利改税”和工商税制大规模恢复重建，到 1992 年初步建立起一个多税种、多环节课征、使用有计划商品经济体制发展要求的税制体系。但是，由于保留着计划经济体制的某些特征，存在着税制不统一、税负不公平、名义税率高而实际税率低、税收流失严重、中央地方税收管理权限划分不合理等缺陷。

② 1994 年的税制改革，我国对货物和劳务分别征收增值税和营业税，使得增值税纳税人对外购买劳务所负担的营业税、营业税纳税人对外购买货物所负担的增值税，均无法抵扣，且营业税纳税人对外购买劳务所负担的营业税更是存在循环征税现象，这种税收重复征收增大了企业的负担。继 2012 年的改革试点后，2013 年 8 月 1 日，“营改增”范围推广到全国试行，将广播影视服务业纳入试点范围。2014 年又将铁路运输和邮政服务业纳入营业税改征增值税试点。2016 年 3 月 18 日国务院常务会议决定，自 2016 年 5 月 1 日起，全面推开营改增试点，将建筑业、房地产业、金融业、生活服务业全部纳入营改增试点，至此营业税正式退出历史舞台，这是自 1994 年分税制改革以来财税体制的又一次深刻变革。

革已经扩大到全部中央部门。1998 年，对预算外收入项目进行清理和整顿，从 2003 年起，政府职能部门所有行政事业性收费和罚没收入都要缴入“财政专户”。

## 3.2 政策实践内容

1993—2012 年，由于每个时期宏观经济运行背景和经济遭受内外冲击因素的不同，财政政策的类型、侧重点和具体措施等也有所不同。

### 3.2.1 适度从紧的财政政策实践

1992 年和 1993 年 GDP 实际增长 14.2% 和 15.55%，通货膨胀率分别达到 10.64% 和 14.7%，1994 年的通货膨胀率更是达到了 24.13% 的历史最高水平，宏观经济出现了过热态势。固定资产投资的高速增长成为经济过热和通货膨胀的主要因素，1992 年和 1993 年增速分别达到 42.6% 和 58.6%。为了应对经济过热，政府决定从 1993 年开始实施适度从紧的财政政策，目标是遏制通货膨胀并保持经济适度增长，努力实现经济“软着陆”。主要措施有：

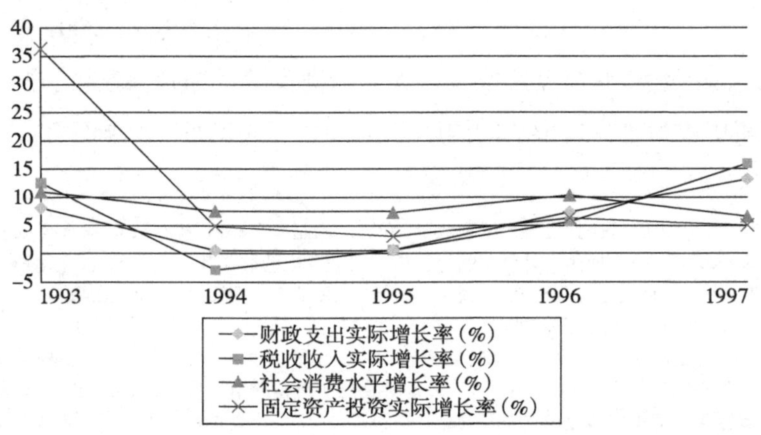


**图 3-3　1993—1997 年的总量调节措施**

控制固定资产投资过快增长。从严控制新开工的项目，对固定资产投资贷款实行严格的计划控制。1996 年，还对新增固定资产投资实行项目资本金制度。在这些严厉的措施下，全社会固定资产投资的增长率大幅下降，如图 3－3 所示：实际增长从 1993 年的 36.29% 下降到 1997 年的 5.04%，其中 1995 年更是下降到 3.04%。

抑制消费需求过快增长。中央政府压缩地方和部门会议预算经费，抑制政府过快消费；控制企业消费资金过快增长，并适当控制工资增长速度。包括居民消费和政府消费在内的社会消费水平，实际增长率从 1993 年的 10.99% 下降到 1997 年的 6.63%。

严格控制财政支出。财政支出实际增长率从 1993 年的 8.15%，下降到 1994 年的 0.52% 和 1995 年的 0.62%。此后，伴随财政收入的增加，财政支出增长率开始增加，1996 年增加到 7.39%，1997 年增加到 13.17%，但财政支出的平均增幅小于财政收入。

不断加强税收征管。强化对非国有经济单位和外商投资企业的税收和个人收入调节税、所得税的征管，清理关税和进口工商税的减免政策，改进出口退税征管办法，整顿税收征管中的薄弱环节，限期完成国库券发行任务。税收收入实际增长率自 1994 年开始稳步提高，到 1997 年达到了 15.93%。

大力支持农业发展。从 1994 年开始陆续设立了国家粮食专项储备基金、粮食风险基金和副食品风险基金；安排专项基金，加强“菜篮子”和粮棉油生产基地建设；采用政府贴息措施，支持既有经济效益、又有社会效益的农业项目；提高政策性价格补贴力度，财政用于政策性价格补贴的支出由 1993 年的 299 亿元增加到 1996 年的 454 亿元。1993—1996 年，财政用于农业的支出增长了 16.70%。

促进企业技术进步。允许技术开发费据实列入企业运行成本，不受比例限制；根据国家的产业政策和科技政策，适当增加科技费用、技术改造拨款和贴息；1995 年财政对 18 个试点城市和国有工业企业，通过实行 15% 所得税优惠税率的办法，补充企业资本金，支持企业优化资本结构；允许企业根据国家统一规定，选择加速折旧方法；进一步改革和完善企业职工养老保险、失业保险和医疗保险制度。

### 3.2.2 积极财政政策实践

1997 年亚洲金融危机爆发，宏观经济运行面临严峻的考验。1998 年实际 GDP 增长率在 1997 年 6.87% 的基础上，进一步下降到 6.59%；社会消费品零售总额增幅由 1996 年的 20.10% 下降到 10.20%；全社会固定投资增长 8.80%，比 1996 年回落了 6 个百分点；1998 年出口增长率下降到 1.30%；1997 年居民消费价格水平增加 2.79%，1998 年则下降 0.79%。经济结构性问题更为突出，低技术水平的产品过剩与高新技术产品不足并存，城乡居民人均收入之比由 1997 年的 2.47∶1 扩大到 1998 年的 2.5∶1，东、中、西部地区 GDP 占全国比重分别由 1997 年的 57.80%、28.20%、14.00%，变为 1998 年的 58.10%、28.00%、13.90%。

在此背景下，1998 年年中政府决定实施积极的财政政策（金人庆，2005）①。1999 年以后又调整和丰富了积极财政政策的调控方式，发挥多种政策手段的组合优势，改善经济运行环境，促进 GDP 持续快速增长。主要措施有：

加大基础设施建设。通过增发国债为基础设施建设融资，1998—2004 年共发行长期建设国债 9100 元，其中最高年度发行量是 2001 年和 2002 年的 1500 亿元，最低发行量是 1998 年的 1000 亿元。七年累计实际安排国债项目 8643 亿元，分别投向：农林水利和生态建设 2596 亿元，交通通信基础设施建设 1711 亿元，城市基础设施建设 1317 亿元，技术进步和产业升级 775 亿元，农网改造 688 亿元，中央直属储备粮库建设 352 亿元，环境保护投资 312 亿元（郭庆旺等，2007；财政部财政科学研究所，2009；林致远等，2011）。

发挥税收调控功能。将关税税率由 1997 年底的 17.00% 逐步降低到

① 宏观经济学中对“积极的”（active）一词理解为政府对经济活动主动进行干预，它表明了政府的一种姿态。政府在经济下滑时采用扩张型财政政策，在经济过热时采用紧缩型财政政策，均属于积极的财政政策。因而，我国政府的理解与经济学中的理解不一样。参见：王志刚（2012）。

2004年的10.40%，以支持引进国外的先进技术和设备。1998年起，分八次提高了出口货物增值税的退税率，对政策鼓励的进口设备，在规定范围内免征关税和进口环节税。1999年对大部分护肤护发品消费税的税率统一从17.00%降低到8.00%，对环保型汽车按规定税率的70%征收消费税。2000年起暂停征收固定资产投资方向调节税。对符合国家产业政策的企业技术改造项目购置国产设备，按40%的比例抵免企业所得税。2000年起对软件产业、集成电路等高新技术产业，实施税收优惠政策。2004年又对出口退税机制进行改革，优化了出口退税的税率结构。

调整收入分配政策。1999—2003年，财政累计安排6390亿元，连续四次提高机关事业单位人员的基本工资标准。1999年将“三条保障线”（即国有企业下岗职工基本生活费、失业保险金、城市居民最低生活费）水平提高30.00%，并先后四次提高企业离退休人员基本养老金水平。1998—2004年，全国社会保障经费支出由1998年的775亿元增加到2004年的3410亿元，年均增长28.00%，高于同期财政总支出增长速度。全国财政对于社会保障经费的支出占财政总支出的比重，由1998年的7.20%提高到2004年的12.40%。

加大转移支付力度。1998—2004年中央对地方税收返还和补助支出总额由2493亿元增加到10408亿元，年均增长26.80%。同时将转移支付的增量部分向中西部地区倾斜。中央财政对退耕还林、天然林保护和农村税费改革等造成的财政减收进行转移性补助，支持西部大开发战略和农村税费改革，保护和改善西部生态环境。2002年中央财政对天然林保护工程和退耕还林工程补助19.80亿元；2002—2004年为农村税费改革的转移支付分别为245亿元、305亿元和523亿元。

### 3.2.3　稳健财政政策实践

宏观经济在2002—2004年呈现出新的发展趋势。如表3-2所示：实际GDP平稳快速增长，分别增长10.79%、11.38%和12.57%；居民消费价格水平分别增长-0.80%、1.20%和3.90%；城镇登记失业人数增长率分别为13.07%、3.90%和3.37%。但是，深层次结构性问题开始凸现。房地产、钢铁、电解铝等行业投资增长过快，但是农业和粮食生产、生态环境建设等行业，以及教育、社会保障等社会事业发展相对滞后。经济与社会之间、城市与农村之间、东部与中西部地区之间的不平衡状态更为明显。因此，财政政策的一项重要任务是要着力调整优化经济结构。

**表3-2　2002—2004年宏观经济运行情况**　（%）

| 年度 | 实际GDP增长 | CPI增长 | 城镇登记失业人数增长 | 居民消费实际增长 | 私人投资实际增长 | 出口增长 |
|---|---|---|---|---|---|---|
| 2002 | 10.79 | -0.80 | 13.07 | 8.19 | 14.84 | 23.35 |
| 2003 | 11.38 | 1.20 | 3.90 | 7.37 | 24.15 | 33.00 |
| 2004 | 12.57 | 3.90 | 3.37 | 8.88 | 19.08 | 30.31 |

基于对经济走势的研判，政府决定从2005年起实施稳健的财政政策，也就是中性财政政策①。稳健财政政策的实施策略是松紧适度、有保有压。主要措施有：

**表3-3　2005—2007年主要财政指标的实际增长率**　（%）

| 年度 | 财政收入 | 财政支出 | 财政赤字 | 税收收入 | 政府消费 | 政府投资 |
|---|---|---|---|---|---|---|
| 2005 | 17.78 | 17.00 | 7.19 | 16.98 | 16.11 | 25.38 |
| 2006 | 20.65 | 17.36 | -28.20 | 19.14 | 13.92 | 10.79 |
| 2007 | 26.35 | 17.51 | -188.41 | 25.08 | 12.21 | 19.63 |

逐步压缩财政赤字。如表3-3所示：2005—2007年，财政收入和税收收入的实际增幅逐年增加，分别从2005年的17.78%和16.98%上升到2007年的26.35%和25.08%；财政支出的实际增幅保持平稳，且年度财政支出实际增幅小于财政收入的实际增幅，其中：政府消费的实际增幅逐年下降，政府投资的实际增幅总体也呈下降态势。与财政收入、财政支出实际增长情况相对应的，是财政赤字水平的逐年下降。

① 中国学界和政界基本上倾向于将稳健的财政政策定位成一种不对总需求产生扩张或紧缩的政策，即不影响总需求的中性政策，但是具体到中性政策的设计问题，彼此之间却存在较大争议。方红生（2010）对我国关于稳健财政政策政策的争议进行了综述和评论。

调整财政支出结构。一方面，降低政府基本建设规模，长期建设国债发行量逐年减少，从 2005 年的 800 亿元下降到 2007 年的 500 亿元；另一方面，增加提升经济内生增长能力的财政支出，包括增加对教育、科技、公共卫生、社会保障体系和环境保护的支出，加大对农村和经济落后地区的转移支付。如表 3 -4 所示：教育经费支出占财政支出比重从 2005 年的 15.21% 增加到 2007 年的 16.63%；科技经费支出占财政支出比重从 2006 年的 3.38% 增加到 2007 年的 3.42%；公共卫生经费支出占财政支出比重从 2005 年的 4.58% 增加到 2007 年的 5.19%。

**表 3 -4　2005—2007 年财政支出结构分析**　　（%）

| 经济指标 | | 2005 年 | 2006 年 | 2007 年 |
|---|---|---|---|---|
| 财政支出实际增长率 | | 17.00 | 17.36 | 17.51 |
| 教育经费支出 | 实际增长 | 13.53 | 21.18 | 24.46 |
| | 占 GDP 比重 | 2.75 | 2.85 | 3.11 |
| | 占财政支出比重 | 15.21 | 15.70 | 16.63 |
| 科技经费支出 | 实际增长 | 20.91 | 11.09 | 18.84 |
| | 占 GDP 比重 | 0.65 | 0.61 | 0.63 |
| | 占财政支出比重 | 3.58 | 3.38 | 3.42 |
| 卫生经费支出 | 实际增长 | 17.90 | 12.88 | 38.48 |
| | 占 GDP 比重 | 0.83 | 0.80 | 0.97 |
| | 占财政支出比重 | 4.58 | 4.40 | 5.19 |

继续推进税制改革。2006 年在全国范围内全面取消了农业税和农业特产税。2005 年将个人所得税起征点从 800 元/月提高到 1600 元/月，同时扩大纳税人自行申报范围。2006 年增加部分奢侈品消费税目，取消大众日常生活所需的护肤护发品的税目。2006 年调整了部分产品的出口退税率，取消和降低部分“高耗能、高污染”产品的出口退税率，增加部分双高产品的出口税率，降低部分资源性产品进口税率。试点推进消费型增值税改革。推进内外资企业所得税两法合并。

### 3.2.4　新一轮积极财政政策实践

2007 年 8 月美国爆发次贷危机，一年后演变为全球金融危机。金融危机引发国际市场需求急剧萎缩，对我国经济形成了巨大的外部冲击。如表 3－5 所示，实际 GDP 的增长速度由 2006 年的 15.75% 下降到 2007 年的 13.30% 和 2008 年的 11.26%；物价水平急剧下降，从 2008 年 10 月份起 CPI 环比增速连续出现负增长；城镇登记失业人数增长率由 2007 年的 －2.01% 提高到 6.75%；2009 年的实际出口增幅由 2007 年的 20.19% 直降到 －15.41%。

**表 3－5　2006—2009 年主要宏观经济指标的实际增长率**　　（%）

| 年度 | 实际 GDP | CPI | 城镇登记失业 | 居民消费 | 私人投资 | 出口总值 |
|---|---|---|---|---|---|---|
| 2006 | 15.75 | 1.51 | 0.95 | 11.50 | 18.00 | 25.28 |
| 2007 | 13.30 | 4.80 | －2.01 | 11.32 | 13.58 | 20.19 |
| 2008 | 11.26 | 5.90 | 6.75 | 9.47 | 17.15 | 10.70 |
| 2009 | 10.59 | －0.71 | 3.95 | 11.46 | 17.25 | －15.41 |

面对不容乐观的经济运行前景，2008 年政府开始实施新一轮积极的财政政策，并配合实施扩张性货币政策。这一轮积极的财政政策的目标重点是扩大内需、稳定外需。主要措施有：

扩大公共投资规模。推出 4 万亿元公共投资计划，加大基础设施投资和民生领域投资，主要投入方向为：基础设施建设（15000 亿元），保障性安居工程等民生工程建设（4000 亿元），农村民生工程和农村基础设施建设（3700 亿元），生态环境工程建设（2100 亿元），教育卫生文化等社会事业建设（1500 亿元），加快自主创新和结构调整（1600 亿元），灾后重建（10000 亿元）。

实施重点产业振兴、重大专项、区域振兴等计划。重点产业振兴计划涉及汽车、钢铁、纺织、装备制造、船舶、电子信息、石化、有色金属、轻工、物流等十大产业。重大专项计划包括了新一代宽带无线移动通信、大型油气田及煤层气开发、大型先进压水堆及高温气冷堆核电站、水体污染控制与治理、重大新药创制以及大型飞机等领域。区域振兴计划包括了江苏沿海地区、关中天水经济区、天津滨海新区、广西北部湾经济区、海峡两岸经济区等地 20 多个国家级和地区性的产业升级投资刺激计划。

刺激居民消费需求。出台如汽车补贴、二手房交易营业税减免、住房贷款利率 7 折等消费信贷优惠政策，鼓励居民进行信贷消费。推广家电下乡，激活农村消费市场。2009 年 2 月起，家电下乡开始在全国推广，彩电、冰箱、手机、洗衣机、摩托车、电脑、热水器、空调等产品，享受国家 13% 的政策补贴。2011 年 6 月，全国人大修改了个人所得税法案，将个税免征额提高到月收入 3500 元。同时，还加快收入分配制度改革，提高劳动者报酬。增加中低收入群体收入，限制电信、烟草、电力等垄断性行业收入过快增长。

推进税费改革和税制优化。2008 年底，首次提出实行"结构性减税"政策。2009 年，完善成品油价格形成机制，取消公路养路费等收费项目，在全国所有地区、所有行业推进增值税转型，将生产型增值税转变为消费型增值税，鼓励企业进行技术改造。调整出口退税率，增强出口企业的国际竞争力。2009 年，三次提高出口退税率，其中箱包、鞋帽、玩具、家具等商品的出口退税率提高到 15%，电视信号发送设备、缝纫机等出口退税率提高到 17%。2010 年，实行《增值税一般纳税人资格认定管理办法》，降低增值税一般纳税人门槛，减轻了中小企业负担。2011 年先后推出了房产税试点、提高小微企业增值税和营业税起征点、在上海试点营业税转增值税等措施，并出台资源税改革试点方案。

## 3.3　政策实施特征

尽管各时期的政策类型、政策措施和政策力度都有所不同，但是从总体政策路径上看，还是可以从中总结归纳出我国这一时期财政政策的主要特征。

### 3.3.1　政策框架的总体特征

从政策框架上看，我国财政政策实践具有以下四个方面的总体特征：

一是相机抉择是政策调控的核心策略。从理论上讲，财政政策调控经济可以有自动稳定和相机抉择两种机制。但是，从 1993—2012 年的政策实践来看，政府更多的是依靠逆经济风向的相机抉择机制。1993 年，面对经济过热、通胀显著的经济形势，实施紧缩性的适度从紧财政政策，把政策调控的重点放在控制通货膨胀上；1998 年，面对亚洲金融危机冲击、外需下滑、经济偏冷的经济形势，实施扩张性的积极财政政策，把政策重点放在扩大内需上；2005 年，面对经济总体平衡、形势趋好但结构问题突出的经济形势，实施中性的稳健财政政策，把政策重点放在调节经济结构上；2008 年，面对国际金融危机带来的巨大外部冲击，实施新一轮积极的财政政策，把政策重点放在扩大内需、稳定外需、改善经济结构上。我国更倾向于实施相机抉择的财政政策，主要是因为：长期以来中国实行的是以流转税和所得税为主体的税收制度，直接税所占比重过低，流转税占税收总收入的比重较大①。在这种情况下，财政政策的自动稳定功能难以全面有效地发挥作用。

二是需求管理与供给管理并重。1993—2012 年，财政政策整体上表现出需求管理与供给管理并重的特点。而且，即使从每轮财政政策的政策思路和政策措施来看，也都是把总量调节和结构调整结合起来调控宏观经济运行②。这有其合理的成因。中国经济运行中存在的通货紧缩趋势，绝非是单纯的生产能力超过市场容量，在相当程度上是由微观和供给方面存在的问题造成的，既有有效需求不足的问题，又有供给结构不合理的问题，后者导致了供给质量不高，造成结构性积压严重，反过来又加剧了需求困境。因此，单独采用凯恩斯式的短期刺激增长的需求管理政策，或供给学派的减税等一揽子供给管理政策，都不能达到目的（郭守杰，2006），必须把需求管理与供给管理结合起来，既关注财政政策的短期效应，又关注其长期效应。另外，在一个经济社会快速转型的国家中，经济稳定、结构优化与经济增长同等重要。这是因为，经济增长虽然是终极目标，但是没

---

① 事实上，流转税在发展中国家一般占比都比较高，这是因为：一是发展中国家的商品流通规模较小，征收流转税不会由于提高商品价格而对经济产生较大的不利影响；二是发展中国家的国民收入相对较低，所得税税源不足；三是发展中国家的税收管理水平较低，流转税简便易行利于课征。

② 其中，总量调节主要用于调控总需求，稳定经济波动；而结构调整则主要用于改善供给质量，促进长期增长。

有经济稳定的基础和环境，长期经济增长就不可能实现①；没有经济结构的优化，经济增长就不可能有质量、可持续。

三是扩张性财政政策是主流。如果把这 20 年看作一个整体，那么可以认为财政政策总体是扩张性的。判断一个时期财政政策是扩张性的还是紧缩性的，一个基本的方法就是比较财政的收支状况。如果财政收入大于财政支出，那么政策就是紧缩性的；如果收入小于支出，那么政策就是扩张性的。如图 3－4 所示：20 年中只有在 2007 年财政略有盈余，其余年度的财政赤字规模都处在 GDP 的 0.40% 到 2.61% 之间。与此相应的，是中央财政债务余额不断积累膨胀，2012 年达到 7.76 万亿元。然而，由于我国经济增长速度大于债务增长速度，中央财政债务余额占 GDP 的比重在最近几年呈下降趋势，从 2007 年的 19.53% 下降到 2012 年的 14.70%。如果不考虑地方债务，这个比例总体上是处于安全范围内的。

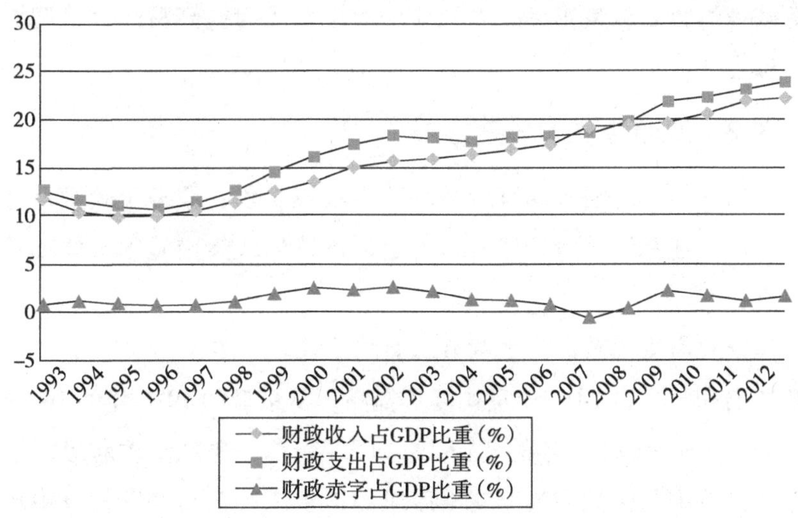


**图 3－4　1993—2012 年财政收入、支出和赤字占当年 GDP 比重**

四是综合运用多元化政策工具。1993 年以来，政府逐步采用以经济手

① Hnatkovska and Loayza（2003）利用跨国数据表明，经济波动与经济增长明显负相关，经济稳定能够提高经济的长期增长率。

段为主的间接调控方式，与此相应的是，针对政策调控重点，多元化综合运用财政政策工具。在1993—1997年的适度从紧财政政策实践中，政策调控的重点目标是控制通货膨胀，在初期选择了行政性手段直接控制新开工项目，但随后选择了抑制政府过快消费、加强税收征管、清理税收优惠、建立新型税收制度等政策组合。在1998—2004年的积极财政政策实践中，政策调控的重点目标是扩大内需，因而选择了增发国债以加大公共工程投资、清理整顿非税收入、增加转移支付等政策组合。在2005—2007年的稳健财政政策实践中，政策调控的重点目标是调整优化经济结构，因而选择了增收节支压缩财政赤字、调整支出结构、减少政府投资、降低国债发行规模、推进税制改革等政策组合。在2008—2012年的新一轮积极财政政策实践中，政策调控的重点目标是扩大内需、稳定外需、改善结构，因而选择了加大公共工程投资、实施产业和区域振兴计划、调整税率刺激消费和出口等政策组合。政策工具的多元综合运用，成为提高财政政策调控效果的重要保证。

### 3.3.2 政策措施的典型特点

财政措施是实施财政政策所采取的方法或手段，服务于政策目标和政策策略。在上述总体政策特征的基础上，具体的政策措施则又体现了以下四个特点：

一是以政府支出政策为主调节总需求波动。在图3－4中：1993—2012年财政支出和收入占GDP比重均逐步提高，从最低的1996年的10.70%和9.87%分别增加到2012年的23.87%和22.22%，这反映政府经济活动规模在总体经济中的扩大，政府支出形成的需求在社会总需求构成中越来越重要。同时，由图3－5可知，财政收入增长率表现出顺周期变化的特征，而财政支出增长率则表现出明显的逆周期变化特征[①]。这表明，政府支出的总量调节成为总需求管理的一个主要政策工具，而且为财政支出而进行

① 胡爱华(2013)对中国财政收入与财政支出之间关系进行了Granger因果分析，得出的结论为：财政支出是财政收入的Granger原因，财政支出的增长会显著影响财政收入。

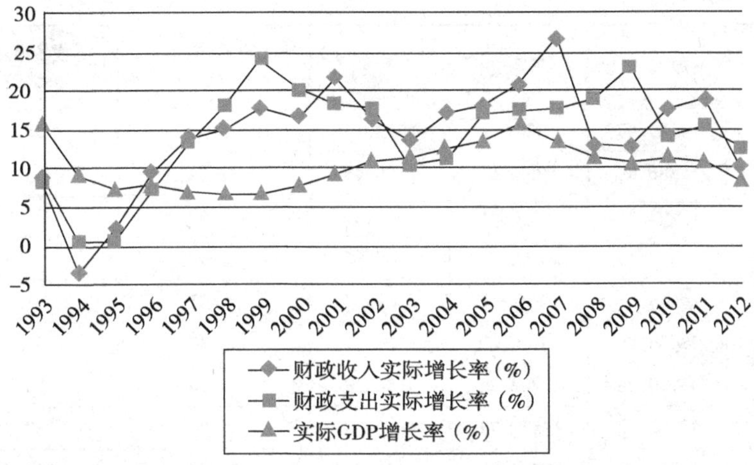


**图 3-5 财政收入、财政支出和 GDP 的实际增长率**

的融资方式除了提高税收收入，还有发行国债。这就产生了一个问题，即政府为什么偏好使用财政支出而不是财政收入来调节总需求波动？从理论上来说，税收乘数本身就小于政府购买乘数，而且税收具有扭曲经济行为的作用，频繁地改变税率将产生较大的效率损失。从实践上来说，我国还不是以所得税为主体税种的国家，间接税在政府收入中的比重大，而间接税税率的调整更多是在供给方面起作用。再考虑到我国收入分配差距较大，税率变动对个人可支配收入和边际消费倾向影响小，这些都使得税收政策的乘数效应较小。

**表 3-6 1993—2012 年生产性政府支出统计** （亿元，%）

| 年度 | 财政总支出 | 生产性支出 | 投资支出 | 生产性支出占财政总支出的比重 | 投资支出占生产性支出的比重 |
|---|---|---|---|---|---|
| 1993 | 4642.30 | 1849.10 | 483.67 | 39.83 | 26.16 |
| 1994 | 5792.62 | 2314.84 | 529.57 | 39.96 | 22.88 |
| 1995 | 6823.72 | 2722.27 | 621.05 | 39.89 | 22.81 |
| 1996 | 7937.55 | 3107.82 | 625.88 | 39.15 | 20.14 |
| 1997 | 9233.56 | 3491.70 | 696.74 | 37.82 | 19.95 |
| 1998 | 10798.18 | 4258.50 | 1197.39 | 39.44 | 28.12 |

续表

| 年度 | 财政总支出 | 生产性支出 | 投资支出 | 生产性支出占财政总支出的比重 | 投资支出占生产性支出的比重 |
|---|---|---|---|---|---|
| 1999 | 13187.67 | 5324.13 | 1852.14 | 40.37 | 34.79 |
| 2000 | 15886.50 | 5957.20 | 2109.45 | 37.50 | 35.41 |
| 2001 | 18902.58 | 7107.30 | 2546.42 | 37.60 | 35.83 |
| 2002 | 22053.15 | 8377.09 | 3160.96 | 37.99 | 37.73 |
| 2003 | 24649.95 | 8630.92 | 2687.82 | 35.01 | 31.14 |
| 2004 | 28486.89 | 10109.69 | 3254.91 | 35.49 | 32.20 |
| 2005 | 33930.28 | 12202.81 | 4154.29 | 35.96 | 34.04 |
| 2006 | 40422.73 | 14577.73 | 4672.00 | 36.06 | 32.05 |
| 2007 | 49781.35 | 17344.00 | 5857.06 | 34.84 | 33.77 |
| 2008 | 62592.66 | 22688.11 | 7954.75 | 36.25 | 35.06 |
| 2009 | 76299.93 | 30684.05 | 12685.73 | 40.22 | 41.34 |
| 2010 | 89874.16 | 34545.44 | 13012.75 | 38.44 | 37.67 |
| 2011 | 109247.79 | 42632.82 | 14843.29 | 39.02 | 34.82 |
| 2012 | 125952.97 | 53019.37 | 18958.66 | 42.09 | 35.76 |

二是以生产性政府支出为主提升经济长期增长潜力。在实践中，政府支出会花费在各种物品和服务上，其中一些被用于增强经济的未来生产能力。诸如道路、桥梁、教育和职业培训等方面的支出便属于这种类型，它们可以被广义地归纳为生产性政府支出。根据 Zagler & Dürnecker（2003）的理解，政府生产性支出主要包括财政投资支出、教育支出、科研支出和卫生支出。依据这个标准，这里将上述四类支出数据加总求和，如表 3－6 所示。可以看到，在 1993—2012 年期间，中国生产性政府支出随着财政总支出的增加而增加，而且在财政总支出中的比例一直居高不下，成为财政总支出的重要成分。1993—2012 年政府的生产性支出占财政总支出的比重处于 34.84% 到 42.09% 之间，平均占比 38.15%。高比重的生产性支出突出体现了我国财政政策的长期增长目标。

三是财政投资兼具长期和短期的政策目的。由表 3－6 还可以看到，在生产性政府支出中，财政投资的比重波动性较大，从最低的 1997 年的

19.95%波动到2009 年的 41.34%。财政投资支出的这种波动性，具有较强的短期和长期政策含义。从长期意义来看，财政投资支出作为一种生产性政府支出，重点投向基础设施建设和国家重点扶持的行业与地区，既有利于消除农业、交通和城市基础设施等瓶颈约束，调整和优化经济结构；又有利于增加经济中的资本存量，提高经济的生产潜能，产生长期的供给效应，从而最终促进经济长期增长①。从短期意义来看，财政投资支出又是调节短期总需求波动的一个常用的政策工具。如图 3－6 所示：在政府消费、政府投资和税收三个政策工具中，政府投资增长率最具波动性，且呈逆周期波动。短期内，财政投资既可以拉动投资需求，又可以通过就业效应拉动居民消费需求，因而可以直接起到稳定总需求波动的效果。

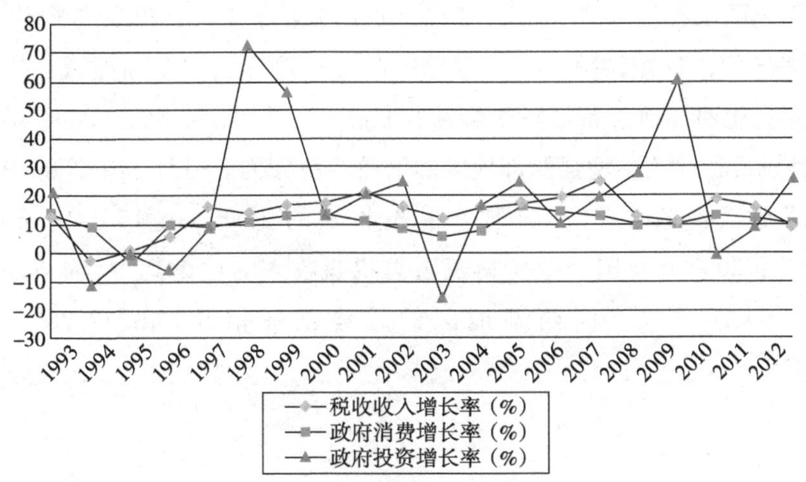


**图 3－6 1993—2012 年我国政府财政收支运行形势**

四是以收支政策组合为主推进经济结构调整。1993—2012 年的财政政策实践，也通过调整财政收支结构、加快税费改革等政策组合，实施长期供给管理政策，推进经济结构的调整与优化。在调整城乡经济结构方面，

① 事实上，Harrod（1948）和 Domar（1957）就已指出：投资具有双重效应，即投资通过创造收入而产生对产出的需求效应，以及投资通过增加经济中的资本存量、提高经济的生产能力而产生的供给效应。

财政用于农业支出占 GDP 的比重稳步提高，从 1993 年的 1.19% 逐步增加到 2012 年的 2.27%。先后取消了农业税、屠宰税、牧业税和农业特产税；增加了对种粮农民直接补贴、良种补贴、农机购置补贴、农业生产资料综合补贴；2007 年起，全国农村义务教育阶段学生全面享受免除学杂费和教科书费。在调整产业结构方面，1993—2012 年期间，政府对科学技术方面的支出占 GDP 的比重，从最低时（1996 年）的 0.47% 提高到 0.84%。2008 年，实施重点产业振兴计划，涉及十大产业。从 2000 年起，对高新技术产业实施了一系列税收优惠政策，涉及增值税、企业所得税和进口税收；2006 年按照支持建设资源节约型和环境友好型社会的思路，调整了消费税的税目和部分产品的出口退税率。在调整区域经济结构方面：截至 2012 年，国家在西部地区新开工了 50 余项重点工程，投资总规模达到 7300 多亿元，青藏铁路、西气东输、西电东送等工程全面建成。1993—2006 年，中西部地区累计享受转移支付占到总额的 84.6%。2004 年，通过调整资源税政策，增强西部地区的财政经济实力。另外，在 2000—2007 年西部地区税收收入占全国总税收收入的比重，由 15.14% 下降到 13.50%；2000 年全国企业所得税占总税收收入的比重为 14.94%，2008 年增长到 20.61%，而西部地区的趋势正好相反，由 12.28% 下降到 8.45%。

# 第4章　经济稳定效应

经济波动是由一系列独立的冲击，如供给冲击、需求冲击和政策冲击等，通过经济深层结构决定的渠道加以传导而产生的结果。经济波动会导致社会生产性资源的利用效率下降，进而对社会福利和长期增长产生不利的影响（Campbell & Cochrane，1995；Barlevy，2002；Gali & Blanchard，2004）。由于实践中存在种种市场不完全因素，使得无法依靠市场的自我调节来自动消除经济波动，因而需要实施包括财政政策在内的经济稳定政策。然而，财政政策是否能够有效地稳定经济这个问题，正反双方的理论预测都得到了相应的经验证据支持①。

可以说，在1993—2012年期间，经济不稳定的趋势发展是中国财政政策实施和类型转换的首要触发因素。因此，随之而来的一些问题就是：财政政策是否实现了稳定宏观经济运行的目的？如果实现了这个目的，那么它在哪些方面做得最好，哪些方面还需进一步提高？如果没有实现这个目的，那么具体原因和影响因素是什么？这里的任务就是通过定量研究来回答这些问题。

本章首先在4.1节运用IS－LM模型和新凯恩斯主义DSGE模型，说明了财政政策管理总需求的两个理论分析框架，进而在这两个框架中进一步探讨了财政政策稳定经济运行的作用机制、约束条件和影响因素。由于乘

① 大量的经验文献表明了财政政策既可能具有凯恩斯效应，也可能具有非凯恩斯效应，取决于具体分析的国家或地区，以及计量分析模型、方法和样本期限等。例如：1982—1986年间，丹麦的财政紧缩程度约为GDP的10%，却伴随着经济复苏和强劲增长。这表明，经济似乎并不会总是对财政政策作出凯恩斯式的系统性反应，财政扩张可能无效，而财政紧缩可能会有扩张性效应。

数大小是政策效应的关键度量指标，因而在 4.2 节通过三种计量方法，分别估计我国财政政策的比较静态乘数、一般均衡乘数和政策冲击动态反应，并在此基础上探讨了我国财政政策拉动产出增长的贡献度、政策传导机制，以及主要宏观经济变量的政策冲击反应。最后，财政政策管理总需求不仅要能够促进产出增长，还要能够有效熨平产出波动，因而 4.3 节进一步估计我国财政政策的产出稳定效应，并分析影响产出稳定效应的可能原因。

本章的研究特色在于：在理论上系统地阐述了财政政策效应的约束条件和深层结构影响因素；多角度地估计了财政政策的产出增长效应；定量分析了财政政策的稳定产出波动的效应，比较了不同政策类型的产出增长效应和稳定产出波动的效应；探讨了我国财政政策的传导机制，以及稳定产出波动效应不高的具体原因。

## 4.1 总需求管理的理论基础

根据 Keynes（1936）的总需求管理理论而发展出的 IS－LM 模型，在 20 世纪 50—60 年代成为理论研究的范式，并为总需求管理政策的制定提供了简洁的分析框架（Snowdon & Vane，2005）。但是，IS－LM 模型存在一个致命的缺陷就是缺乏微观基础，因而受到以 Lucas（1976）等为代表的新古典宏观经济学的批判。为了回应这些批评意见，新近发展的新凯恩斯主义吸收了理性预期等新古典主义的合理内核，引入了诸如垄断竞争、菜单成本、交错定价等市场不完全的微观基础，在动态随机一般均衡框架下对凯恩斯主义理论进行了新拓展，获得了关于货币政策和财政政策效应研究的新成果。

### 4.1.1 比较静态分析框架

关于财政政策总需求管理的比较静态分析框架，主要是建立在 IS－LM 模型上的。模型的主要思路是：在产品市场中，价格在短期内是刚性的；总产出水平也即是国民收入，由总需求决定；总需求主要由居民消费、私人投资、政府购买和净出口四部分构成；居民消费是个人可支配收入的增函数，投资是利率的减函数，进口是国民收入的增函数，出口和政府购买外生决定。因此，在产品市场上，要使得市场达到均衡，利率和总产出水平应该满足一定的关系，这一关系被称为IS曲线。在货币市场上，货币供给由货币当局决定，货币需求主要由利率水平和总产出决定。因此，要使得货币市场均衡，利率和产出水平也应该满足一定的关系，这一关系被称为LM曲线。当国民收入和利率水平同时处于IS曲线和LM曲线的交点上时，两个市场同时实现了均衡。这时，经济的均衡产出和均衡利率就取决于模型参数和外生变量。模型由以下方程组构成：

$$Y = C + I + G + E - X \tag{4.1}$$

$$C = C(Y - T + Tr) \quad 0 < C' < 1 \tag{4.2}$$

$$I = I(i) \quad I' < 0 \tag{4.3}$$

$$X = X(Y) \quad X' > 0 \tag{4.4}$$

$$\frac{M^s}{P} = L(Y, i) \quad L_1 > 0, \ L_2 < 0 \tag{4.5}$$

其中，$Y$，$C$，$I$，$G$，$i$，$T$，$Tr$，$M^s$，$P$，$E$，$X$分别表示总产出、居民消费、私人投资、政府购买、名义利率、政府税收、政府转移支付、货币供给、一般价格水平、出口和进口①。$C'$表示边际消费倾向，类似地，$I'$表示边际投资倾向，$X'$表示边际进口倾向，$L_1$表示对货币需求函数的第一个变量求一阶偏导数，$L_2$表示对第二个变量求一阶偏导数。（4.5）式是代表货币市场均衡关系的LM曲线，反映了货币市场上产出与利率之间的函数关系；而代表产品市场均衡关系的IS曲线，可由（4.1）式—（4.4）式获得：

$$Y = C(Y - T + Tr) + I(i) + G + E - X(Y) \tag{4.6}$$

（4.5）式与（4.6）式共同构成了一个标准的IS－LM模型。经过简单的代数运算后，可以获得三个财政政策工具变量，即政府购买、政府税收

① 在凯恩斯主义经济学中，总产出由总需求决定，这里的$Y$既可以表示为总需求、总支出，也表示为总产出、总收入。

和转移支付，对均衡产出水平的影响效果：

$$\frac{dY}{dG}=\frac{1}{(1-C')+I'L_1/L_2+X'}>0 \tag{4.7}$$

$$\frac{dY}{dT}=\frac{-\ C'}{(1-C')+I'L_1/L_2+X'}>0 \tag{4.8}$$

$$\frac{dY}{dTr}=\frac{C'}{(1-C')+I'L_1/L_2+X'}>0 \tag{4.9}$$

（4.7）式—（4.9）式分别代表了政府购买、政府税收和转移支付的乘数解析式。根据上述对模型参数的设定，可以看到：政府购买乘数和转移支付乘数是正的，反映了产出与政府购买或转移支付同向变动的关系；而政府税收乘数是负的，反映了产出与政府税收反向变动的关系。由于边际消费倾向 $0<C'<1$，政府购买乘数值大于政府税收和转移支付的乘数值①。这就意味着，从影响产出的直接效果看，政府购买政策更受决策者偏爱。同时，也正是由于政府购买乘数大于税收乘数，如果政府购买和税收同时增加一个相同的数量，也会使得总产出增加，这就是所谓的平衡预算乘数的作用。因而，只要政府愿意充分扩大预算（包括支出和收入），就没有必要通过赤字来增加总需求。由（4.7）式和（4.8）式，可得这个平衡预算乘数：

$$\frac{dY}{dG}\bigg|_{\Delta G=\Delta T}=\frac{1-C'}{(1-C')+I'L_1/L_2+X'}>0 \tag{4.10}$$

IS－LM 模型中蕴含的乘数机制，在总需求管理理论中具有重要地位。它意味着扩张性政策将对经济产生正的乘数效应，引起产出成倍数地扩张，紧缩性政策将对经济产生负的乘数效应，引起产出成倍数地收缩。因而，只要采用相机抉择策略，在经济衰退时实施扩张性财政政策，在经济过热时实施紧缩性财政政策，就可以通过乘数机制来熨平经济波动。正因为如此，在经验分析中，往往都是通过估计乘数值来评估财政政策的总需求管理和稳增长效应。

---

① 之所以出现这种情况，原因是显而易见的：政府购买直接作用在总需求上，而减税或转移支付所得的收入，部分用在提高居民消费上，部分则会被居民储蓄起来。

然而，财政政策乘数值的大小受到很多条件的约束。在当前的模型环境中，它至少受到边际消费倾向（ $C'$ ，也可理解为债券融资的财富效应）、利率上升对私人投资的挤出效应（ $I' L_1/L_2 > 0$ ）和边际进口倾向决定的漏损效应（ $X'$ ）等因素的直接影响[①]。正是对于这些效应大小的理解不同，带来了凯恩斯主义与新古典宏观经济学的长期争论。

凯恩斯主义消费函数假设居民消费需求是当前可支配收入的增函数。如果政府依靠债务为扩张性政策融资，那么私人可支配收入就会相应增加[②]。凯恩斯主义认为消费需求对可支配收入的变化非常敏感，即边际消费倾向 $C'$ 较大，由乘数解析式可知，边际消费倾向越大，政策乘数值就越大。两者结合起来，意味着政策通过正的财富效应渠道影响了乘数值。边际消费倾向越大，即财富效应越大，乘数值越强，财政政策的实际效果就越好。

乘数解析式分母中的 $I' L_1/L_2 > 0$ 代表了财政政策对私人投资的挤出效应，即扩张性财政政策因提高了市场均衡利率水平而挤出了私人投资，从而在一定程度上减弱了扩张性政策的效果。由于 $1 - C'$ 在 0 到 1 之间，如果 $I' = 0$ ，即经济处在凯恩斯所说的投资陷阱阶段，那么乘数值就达到最大；或者，如果 $L_2$ 无穷大，即经济处于凯恩斯所说的流动性陷阱阶段，那么乘数值也达到最大。凯恩斯主义认为在经济衰退时可能存在这两种情形。此时，因为货币政策不能通过利率效应调节总需求，所以财政政策在治理经济衰退时政策效果优于货币政策。反之，如果投资对利率变化非常敏感，即 $I'$ 非常大，例如经济过热时期，那么财政政策乘数值就趋向于0，此时财政政策无效，所以凯恩斯主义认为，货币政策治理经济过热的效果优于财政政策。

当存在国际贸易部门时，由于扩张性政策也会增加对国外产品的进口需求，因而产生了漏损效应，这体现在边际进口倾向 $X'$ 进入了乘数解析

---

① 这些减弱乘数机制的效应，可以在更广的意义上理解为财政政策对私人需求的挤出效应。

② 这是凯恩斯主义的一个重要假设，意味着政府发行的债券是一种私人财富。这个假设受到了李嘉图等价理论的挑战。

式的分母。可以看到：边际进口倾向越大，漏损效应就越大，乘数值越小。

### 4.1.2 动态一般均衡分析框架

与传统凯恩斯主义采用比较静态分析的方法不同，新近发展的新凯恩斯主义采用了基于实际经济周期理论（RBC）而发展起来的动态随机一般均衡方法（DSGE）[①]，例如 Christiano，Eichenbaum & Evans（2005），Smets & Wouters（2007）等，在 RBC 模型中引入了垄断竞争和名义刚性等市场不完全因素，从而保留着扩张性财政政策可以刺激经济增长、熨平经济波动的思想传统。但是，由于模型建立在新古典基础上，新古典效应削弱了凯恩斯乘数效应，因而标准的新凯恩斯模型预测了一个非常小的乘数。

基于 DSGE 的标准新凯恩斯主义模型，由家庭部门、生产部门、财政部门和货币当局四个部门构成。在家庭方面，假设经济中存在大量相同的、无限存活的代表性家庭，期效用函数 $U_t$ 是可分形式的：

$$U_t = \frac{C_t^{1-\sigma}}{1-\sigma} - \gamma \frac{N_t^{1+\varphi}}{1+\varphi} + v\ (G_t) \tag{4.11}$$

其中，$C_t$ 是消费水平，$N_t$ 是劳动时间，$G_t$ 是政府支出水平，$\nu(\cdot)$ 是政府购买支出的效用函数，$\sigma$ 是家庭消费跨期替代弹性系数的倒数，$\varphi$ 是劳动跨期替代弹性系数的倒数，$\gamma$ 是劳动效用参数。家庭在决定消费水平、劳动时间和债券持有量时，应满足如下的跨期预算约束：

$$C_t + \frac{B_{t+1}}{P_t} = (1+R_t)\ \frac{B_t}{P_t} + \frac{W_t}{P_t}N_t + T_t \tag{4.12}$$

其中：$B_{t+1}$ 表示家庭在 $t$ 期购买的一期债券数量；$W_t$ 表示名义工资率；$P_t$ 代表一般价格水平；$R_t$ 表示 $t$ 期债券的名义利率；$T_t$ 代表家庭获得的厂商利润减去一次性总额税收。因为厂商由家庭拥有，所以净利润是家庭的收

---

① 对 DSGE 建模方法的介绍，参见 McCandless. G：The ABCs of RBCs：An Introduction to Dynamic Macroeconomic Models，Harvard University Press，2008。对 DSGE 模型计量分析方法的介绍，参见 DeJong. D. N & Dave. C，Structural Macroeconometrics，Second Edition，Princeton University Press，2011。

入来源之一。在（4.12）式的约束下，代表性家庭跨期效用最大化的一阶条件为（假设家庭的主观贴现因子为$\beta$）：

$$\frac{\gamma N_t^{\varphi}}{C_t^{-\sigma}}=\frac{W_t}{P_t} \tag{4.13}$$

$$\beta E_t \frac{P_t C_{t+1}^{-\sigma}}{P_{t+1} C_t^{-\sigma}}(1+R_{t+1})=1 \tag{4.14}$$

（4.13）式为代表性家庭的最优劳动供给函数；（4.14）式为代表性家庭最优消费的欧拉条件。另外，从代表性家庭最优化选择中，还可以得到一个家庭跨期边际效用替代率，$\Delta_{t,t+j}=\beta^j(C_{t+j}/C_t)^{-\sigma}$，它将被运用在中间品厂商的定价决策中。

在生产方面，假设存在最终产品和中间产品两类厂商，且最终产品市场是完全竞争的，而中间品市场是垄断竞争的。假设最终产品厂商使用中间产品来组织生产，其生产技术具有不变替代弹性的特征。生产函数的形式设定为：

$$Y_t=\left[\int_0^1 Y_t(i)^{(\theta-1)/\theta}di\right]^{\theta/(\theta-1)}\quad \theta>1 \tag{4.15}$$

其中：$Y_t(i)$是中间品$i$的投入数量，$Y_t$是最终产品产出量，参数$\theta$是差异化中间品的边际替代弹性系数。对最终产品厂商来说，利润最大化的一阶条件为：

$$Y_t(i)=[p_t(i)/P_t]^{-\theta}Y_t \tag{4.16}$$

它也是最终产品厂商对中间品$i$的需求函数。其中：$p_t(i)$是中间产品$i$的价格；$P_t$是最终产品价格。由于假定最终产品市场是完全竞争的，所以由零利润条件，可得到最终产品价格与中间产品价格之间的关系：

$$P_t=\left[\int_0^1 p_t(i)^{1-\theta}di\right]^{\frac{1}{1-\theta}} \tag{4.17}$$

假设中间产品厂商连续分布于［0，1］区间，生产技术为：

$$Y_t(i)=N_t(i) \tag{4.18}$$

其中：$N_t(i)$代表第$i$个中间品厂商所雇佣的劳动量。形如（4.18）式所示的生产技术，表明把资本存量规范化为1，生产函数是规模报酬不变的。

假设中间品市场存在价格粘性，垄断竞争厂商采用 Calvo（1983）的方式调整其产品价格水平，即在每一期中只有随机的 $1-\omega$ 部分厂商可以重新对其产品作出最优化定价，而其余的 $\omega$ 部分厂商仍然维持原价。系数 $\omega$ 度量了价格粘性的程度。$\omega$ 越大，意味着每一期可调整价格的厂商越少，两次价格调整的时间越长。

在分析中间品厂商的定价决策之前，先考虑其成本最小化问题，即在生产函数 $Y_t(i)=N_t(i)$ 的约束下使得 $W_t N_t(i)$ 最小，以实际条件来表示，成本最小化的问题可写成：

$$\min_{N_t(i)}\left\{(\frac{W_t}{P_t})N_t(i)+v_t(Y_t(i)-N_t(i))\right\} \tag{4.19}$$

其中，$v_t$ 等于中间品厂商的实际边际成本。由最优化的一阶条件可得到：

$$v_t=\frac{W_t}{P_t} \tag{4.20}$$

即中间产品的边际成本等于实际工资。中间品厂商的定价决策问题是选择 $p_t(i)$，使得在下次调整价格之前的预期利润贴现值最大化，即：

$$\max_{P_t(i)}\left\{E_t\sum_{j=0}^{\infty}\omega^j\Delta_{t,t+j}\left[(\frac{p_t(i)}{P_{t+j}})Y_{t+j}(i)-v_{t+j}Y_{t+j}(i)\right]\right\} \tag{4.21}$$

由于家庭持有厂商，因而在这里的最优化问题中，需要引入代表性家庭的跨期边际效用替代率 $\Delta_{t,t+j}=\beta^j(C_{t+j}/C_t)^{-\sigma}$。再引入中间产品需求函数（4.16）式后，目标函数（4.21）式变成：

$$\max_{P_t(i)}\left\{E_t\sum_{j=0}^{\infty}\omega^j\Delta_{t,t+j}\left[(\frac{p_t(i)}{P_{t+j}})^{1-\theta}-v_{t+j}(\frac{p_t(i)}{P_{t+j}})^{1-\theta}\right]Y_{t+j}\right\} \tag{4.22}$$

由于在 $t$ 期调整价格的中间品厂商都面临着相同的问题，因而所有调整价格的厂商都会设定相同的价格。假设在 $t$ 期可以调整价格的厂商设定最优价格为 $P_t^*$，则最优选择的 $P_t^*$ 应满足一阶条件：

$$\frac{P_t^*}{P_t}=(\frac{\theta}{\theta-1})\frac{E_t\sum_{j=0}^{\infty}\omega^j\beta^jC_{t+j}^{-\sigma}v_{t+j}(\frac{P_{t+j}}{P_t})^{\theta}Y_{t+j}}{E_t\sum_{j=0}^{\infty}\omega^j\beta^jC_{t+j}^{-\sigma}(\frac{P_{t+j}}{P_t})^{\theta-1}Y_{t+j}} \tag{4.23}$$

在存在价格粘性的情形下，总价格指数是 $1-\omega$ 部分的厂商在 $t$ 期设定的最新价格与其余 $\omega$ 部分的在 $t$ 期原有价格的加权平均值。因此，由（4.17）式可知，$t$ 期的总价格指数满足：

$$P_t^{1-\theta} = (1-\omega)(P_t^*)^{1-\theta} + \omega P_{t-1}^{1-\theta} \tag{4.24}$$

接下来考虑财政当局的行为。在当前这个标准的模型中，我们假设政府购买支出的变化路径由政府外生决定，其形式为：

$$G_{t+1} = G_t^{\rho} \exp(\xi_{t+1}) \tag{4.25}$$

其中：$\rho$ 是政府购买支出的持久性参数；$\xi_{t+1}$ 是均值为0、独立同分布的随机冲击。为简化分析，这里假设政府支出由一次性总额税收融资。由于李嘉图等价原理在这里成立，所以确切的税收时间路径并不重要。

最后，假设在经济运行中，货币当局也运用货币政策对经济进行调控，其执行的是泰勒型货币政策规则（Taylor，1993）：

$$R_{t+1} - R = \phi_1 \pi_t + \phi_2 \hat{Y}_t \tag{4.26}$$

其中，$R$ 为稳态时的名义利率；$\hat{Y}_t$ 是产出与其稳态水平的对数偏离；$\pi_t$ 是通货膨胀率，稳态通货膨胀率为0。根据泰勒原理（Taylor Principal），为保证均衡的存在性，这里假定 $\phi_1 > 1$ 。

在模型均衡时，给定政府购买支出路径 $\{G_t\}$ ，产品市场能够出清，家庭的劳动供给等于劳动总需求（即中间产品厂商的劳动需求之和），货币和财政规则都能得到满足，（4.27）式代表的总资源约束条件也可以得到满足：

$$Y_t = C_t + G_t \tag{4.27}$$

以上完成了这个标准新凯恩斯主义模型的构建。为了求解经济均衡，我们需要在经济稳态附近，使用对数线性化技术来作近似。在下文中，$\hat{X}_t = ln\,X_t - lnX$ ，表示变量 $X_t$ 偏离其稳态水平 $X$ 的百分比。

由生产部门的行为方程（4.23）式和（4.24）式，我们可以推出新凯恩斯菲利普斯曲线：

$$\pi_t = \beta E_t \pi_{t+1} + \kappa \hat{\upsilon}_t \tag{4.28}$$

其中：$\kappa = (1-\omega)(1-\beta\omega)/\omega$ ；$\pi_t$ 是通货膨胀率；$\hat{\upsilon}_t$ 是实际边际成本

与其稳态的对数偏离。实际边际成本等于实际工资率 $W_t/P_t$ 。在稳态附近对（4.24）式进行对数线性化，可得到新凯恩斯主义的IS曲线：

$$\hat{C}_t = E_t\hat{C}_{t+1} - \frac{1}{\sigma}(R_{t+1} - R - E_t\pi_{t+1}) \tag{4.29}$$

这里，$\hat{C}_t$ 表示家庭 $t$ 期消费水平与其稳态的对数偏离；$\pi_{t+1}$ 代表 $t+1$ 期的通货膨胀率。为了能够求解出政府购买支出乘数解析式，我们还需要对（4.13）式、（4.25）式和（4.27）式在经济的稳态附近，分别进行对数线性化。它们分别为：

$$\hat{v}_t = \hat{W}_t - \hat{P}_t = \varphi\hat{N}_t + \sigma\hat{C}_t \tag{4.30}$$

$$\hat{G}_{t+1} = \rho\hat{G}_t + \xi_{t+1} \tag{4.31}$$

$$\hat{Y}_t = (1-g)\hat{C}_t + g\hat{G}_t \tag{4.32}$$

在（4.32）式中，$g = G/Y$，它表示均衡时政府购买支出占经济总产出的比例。另外，由中间品生产技术（4.18）式，还存在 $\hat{Y}_t = \hat{N}_t$ 。联立（4.28）式、（4.30）式和（4.32）式，可以获得：

$$\pi_t = \beta E_t\pi_{t+1} + \left(\kappa\varphi + \frac{\sigma\kappa}{1-g}\right)\hat{Y}_t - \frac{\sigma\kappa g}{1-g}\hat{G}_t \tag{4.33}$$

联立（4.26）式、（4.29）式和（4.32）式，可以得到：

$$[\sigma + \phi_2(1-g)]\hat{Y}_t - \sigma g\hat{G}_t = \sigma E_t\hat{Y}_{t+1} - \sigma g E_t\hat{G}_{t+1} + (1-g)E_t\pi_{t+1} - \phi_1(1-g)\pi_t \tag{4.34}$$

遵循 Monacelli & Perotti（2008）；Christiano，Eichenbaum & Rebelo（2011）和 Woodford（2011）的思路，采用待定系数方法求解政府购买支出的乘数解析式。假设在经济均衡时，存在 $\pi_t = A_\pi\hat{G}_t$，$\hat{Y}_t = A_Y\hat{G}_t$，将它们分别代入（4.33）式和（4.34）式，并使用（4.31）式，可以分别获得弹性系数 $A_Y$，$A_\pi$：

$$A_Y = \frac{\sigma g[(1-\beta\rho)(1-\rho) + \kappa(\phi_1-\rho)]}{(1-\beta\rho)[(1-\rho)\sigma + \phi_2(1-g)] + \kappa(\phi_1-\rho)[(1-g)\varphi + \sigma]} \tag{4.35}$$

$$A_\pi = \frac{\sigma(1-\rho) + \phi_2(1-g)}{(\rho-\phi_1)(1-g)}A_Y - \frac{\sigma g(1-\rho)}{(\rho-\phi_1)(1-g)} \tag{4.36}$$

将弹性系数转化为水平系数，则政府购买支出的产出乘数值和消费乘数值的解析式分别为：

$$\frac{dY_t}{dG_t}=\frac{1}{g}\frac{\hat{Y}_t}{\hat{G}_t}=\frac{A_Y}{g} \tag{4.37}$$

$$\frac{dC_t}{dG_t}=\frac{dY_t}{dG_t}-1=\frac{A_Y}{g}-1 \tag{4.38}$$

可以看到，模型参数值决定着政策乘数的大小，而这些参数代表的是经济的深层结构。下面将分别探讨这些深层结构参数是如何影响政府购买支出乘数值的。由于一般认为稳定产出增长是财政政策的主要目标，而稳定物价水平是货币政策的主要目标，所以这里主要围绕产出乘数而展开讨论。

**表4－1　主要深度参数与乘数值的关系**

| 参数 | 含义 | 变化方向 | 参数 | 含义 | 变化方向 |
|---|---|---|---|---|---|
| $\beta$ | 代表性家庭主观贴现因子 | 反向变动 | $\rho$ | 政府支出的持久性参数 | 反向变动 |
| $\sigma$ | 消费的跨期替代弹性倒数 | 同向变动 | $\phi_1$ | 货币政策系数 | 反向变动 |
| $\varphi$ | 劳动供给弹性的倒数 | 反向变动 | $\phi_2$ | 货币政策系数 | 反向变动 |
| $\omega$ | 每期维持原价的中间品厂商比例 | 同向变动 | $g$ | 政府购买支出占经济总产出的比重 | 同向变动 |

在这个新凯恩斯模型中，共有结构参数10个，它们分别是：$\{\beta;\sigma;\varphi;\gamma;\theta;\omega;\rho;\phi_1;\phi_2;g\}$。其中，$\gamma$和$\theta$在最终的乘数解析式中没有出现。因而，我们重点关注代表性家庭的主观贴现因子$\beta$、消费的跨期替代弹性倒数$\sigma$、劳动供给弹性的倒数$\varphi$、每期维持原价的中间品厂商比例$\omega$、政府支出的持久性参数$\rho$、货币政策系数$\phi_1$和$\phi_2$、政府购买支出占经济总产出的平均比重$g$等8个参数。如果在其他参数取年度基准值的情况下，逐个变动某一参数，分别计算产出乘数值，就可以看到这一参数与乘数之间的关系（如表4－1所示）。

因此，与传统凯恩斯主义 IS－LM 模型的比较静态分析相比，新凯恩斯主义所采用的动态随机一般均衡分析，对政府购买支出政策效应的影响因素分析更加深入到经济的深层结构，从而具有了更为丰富的政策含义。

## 4.2 政策乘数估计

政策乘数值的大小是评估政策效果如何的基石。本节运用我国 1993—2012 年的年度经济数据，采用三种经验分析方法，分别估计我国财政政策的比较静态乘数、一般均衡乘数和政策冲击的动态反应，并在此基础上，进一步探讨我国财政政策拉动产出增长的贡献度、可能存在的政策传导机制，以及财政政策对就业水平和通货膨胀的冲击效应。

### 4.2.1 经验估计方法

关于财政政策乘数的估计，通常有三种方法：大型宏观经济模型方法（Large－scale Macroeconomic Models，LMM）、动态随机一般均衡模型方法（DSGE）、结构向量自回归模型方法（Structural Vector Autogression，SVAR），每种方法都有自己的优势和不足。

LMM 方法依据宏观经济理论，通过设定经济行为方程，把经济中各部门的相对价格和数量以及政策变量联系起来。这种方法相当详细地设定了政策作用渠道，因其结构简洁而受到政策效应评估的偏好①。然而，这种方法的一个最大的问题，就是描述经济主体行为的结构方程缺乏足够的微观基础。尽管如此，它仍然占有重要的地位，经常被用于政策效应评估和预测，例如 Auerbach，Gale & Harris（2010）采用这种方法预测 2009 年的美国恢复与重置法案（American Recovery & Restoration Act，ARRA）的政策效应②。

---

① 关于宏观经济计量模型发展史的介绍，参见：Welfe（2013）：Adcanced Studies in Theoretical & Applied Econometrics：Macroeconometric Models. Springer－Verlag Berlin Heidelberg.

② 国内学术界在应用 LMM 方法估计财政政策乘数值时，主要是基于变种的 IS－LM 模型而进行的，如马拴友（2001）、李生祥和丛树海（2004）、郭庆旺等（2007）、李永友（2007）、杨晓华（2009）等。

DSGE 模型方法基于微观经济主体的最优化行为，完整设定经济结构，可以不受历史经验约束而用来分析政策效应，特别是近年来 Bayes 估计方法的不断改进，使之日益受到经济研究者和决策者的关注，例如：Baxter & King（1993）；Galí，López - Salido & Vallés（2005）；Hall（2009）；Cogan，Cwik，Taylor & Wieland（2009）；Monacelli & Perotti（2009）；Uhlig（2010）；Christiano，Eichenbaum & Rebello（2011）；Drautzburg & Uhlig（2011）等。但是，这种方法严重依赖于对名义粘性、流动性约束、经济主体理性、市场结构等的假设，不同的假设对政策效应评估结果影响较大。

SVAR 方法被广泛运用于宏观经济波动、货币政策、财政政策动态效应的经验研究之中（Hamilton，1994；高铁梅，2009）。SVAR 方法应用在财政政策研究中的关键之处，就是要识别出政策冲击，分析结果对识别方法非常敏感。而且，这种方法还具有只关注短期政策冲击而不关注理论依据和经济环境、受历史经验影响而预测能力不够等不足之处。

目前在国内，这三种主要经验分析方法都得到了应用，其中应用 IS - LM 方法和 SVAR 方法比较多，是经验分析的主流方法，应用 DSGE 方法的文献数量已开始增加，最近的就有贾俊雪和郭庆旺（2012）、杨慎可（2013）、朱军（2013）、胡爱华（2013）、王燕武（2014）等。

### 4.2.2 比较静态乘数

这里，将用于宏观计量分析的 IS - LM 模型设定如下：

$$C_t = c_1 + c_2 Y_t^d + \varepsilon_{1t} \tag{4.39}$$

$$I_t = c_3 + c_4 Y_t + c_5 i_t + \varepsilon_{2t} \tag{4.40}$$

$$IM_t = c_6 + c_7 Y_t + c_8 e_t + \varepsilon_{3t} \tag{4.41}$$

$$i_t = c_9 + c_{10} Y_t + c_{11} (M/P)_t + c_{12} \pi_t + \varepsilon_{4t} \tag{4.42}$$

$$Y_t^d = Y_t - T_t + TR_t \tag{4.43}$$

$$NE_t = EX_t - IM_t \tag{4.44}$$

$$Y_t = C_t + I_t + G_t + NE_t \tag{4.45}$$

（4.39）式是消费函数，消费 $C_t$ 取决于当期可支配收入 $Y_t^d$ 。（4.40）式是投资函数，投资 $I_t$ 取决于总产出 $Y_t$ 和实际利率 $i_t$ 。（4.41）式是进口函数，进口 $IM_t$ 取决于国内总产出 $Y_t$ 和汇率 $e_t$ 。（4.42）式是货币市场 LM 方程，这里把它表示为利率表达式，并考虑到实际利率的变化还要受到通货膨胀的影响，所以它不仅取决于总产出 $Y_t$ 和实际货币供给 $(M/P)_t$ ，还取决于通货膨胀率 $\pi_t$ 变量。$EX_t$ 和 $NE_t$ 分别代表出口变量和净出口变量，其中出口由国外市场决定，所以把它视为外生决定。模型中的系数 $c_i$ ，$i=1\sim12$，为待估的参数。$\varepsilon_{it}$ ，$i=1\sim4$，为随机误差项。

各经济变量选择 1993—2012 年的年度数据。总产出变量 $Y_t$ 用支出法 GDP 来代表；消费变量 $C_t$ 用支出法年度 GDP 核算中的居民消费来代表；投资变量 $I_t$ 是指私人投资，用全社会投资总额扣除固定资产形成总额中国家预算内资金来代表；实际利率变量 $i_t$ 用 1 年期储蓄存款利率减去通货膨胀率来代表；进口变量 $IM_t$ 和出口变量 $EX_t$ 分别以支出法统计的进口总值和出口总值来代表；汇率变量 $e_t$ 以间接标价法的人民币汇率来代表；实际货币供给变量 $(M/P)_t$ 以 M1 除以居民消费价格指数（1978 年价格为 100）来代表；通货膨胀变量 $\pi_t$ 通过居民消费价格指数的年度上涨率来表示；政府购买支出变量 $G_t$ 等于政府消费加上政府投资，分别以支出法 GDP 中的政府消费和固定资产形成总额中的国家预算内资金投资来代表；这里的税收采用宏观税负意义上财政收入 $T_t$ ；转移支付变量 $TR_t$ ，2006 年前主要包括抚恤和社会福利救济费、政策性补贴、企业亏损补贴和内债利息支出，2006 年后主要包括财政社会保障和就业支出及内债利息支出①。

---

① 所有数据来源于中国统计数据应用系统、国研网统计数据库以及国家统计局网站。所有变量的数据都根据 1978 年为基期的居民消费价格指数调整为不变价格的实际值。

表 4-2　我国 IS-LM 模型的三阶段最小二乘法估计结果

| 解释变量 | 消费方程 | 投资方程 | 进口方程 | 利率方程 |
| --- | --- | --- | --- | --- |
| 常数项 | 1569.33<br>(6.16) | -2480.59<br>(-7.57) | -47462.88<br>(-6.23) | 2.63<br>(4.16) |
| $Y$ | — | 0.47<br>(67.36) | 0.40<br>(15.17) | 1.42E-04<br>(2.07) |
| $Y_t^d$ | 0.41<br>(62.88) | — | — | — |
| $i$ | — | -135.30<br>(-3.51) | — | — |
| $M/P$ | — | — | — | -2.59E-04<br>(-2.46) |
| $\pi$ | — | — | — | -0.64<br>(-17.85) |
| $e$ | — | — | 5179.13<br>(6.13) | — |
| 调整后的 $R^2$ | 0.9952 | 0.9956 | 0.9760 | 0.9243 |

注：小括号内数据为 t 统计量。

以常数项、模型中所有外生变量和所有内生变量的一阶滞后作为工具变量，利用三阶段最小二乘法对这个联立方程系统进行估计，结果如表 4-2所示。模型估计结果总体较好，12 个待估参数都在 0.01 的水平上显著，参数的符号也符合理论要求，而且每个方程的拟合效果都在 92% 以上。接下来，将这些参数代入模型，可分别得到 IS 曲线和 LM 曲线：

$$(0.52+0.41\tau)\ Y=46551.62-135.30i-0.41T_0+0.41TR+G+EX-5179.13e \tag{4.46}$$

$$i=2.63+0.000142Y-0.000259\ (M/P)\ -0.64\pi \tag{4.47}$$

其中：$\tau$ 为宏观税负。进一步由（4.46）式和（4.47）式，求得政府购买支出、税收和转移支付乘数的代数表达式分别为[①]：

① 可以看到，由于宏观税负一般处在 0～1，所以 IS 曲线的斜率为负数，而 LM 曲线的斜率为正数，因而满足均衡存在性条件。

$$\frac{1}{0.54+0.41\tau}, \frac{-0.41}{0.54+0.41\tau}, \frac{0.41}{0.54+0.41\tau} \tag{4.48}$$

**表 4-3 1993—2012 年财政政策乘数值**

| 年度 | 宏观税负 | 政府购买乘数 | 税收乘数 | 转移支付乘数 |
| --- | --- | --- | --- | --- |
| 1993 | 0.12 | 1.70 | -0.70 | 0.70 |
| 1994 | 0.10 | 1.72 | -0.70 | 0.70 |
| 1995 | 0.10 | 1.72 | -0.71 | 0.71 |
| 1996 | 0.10 | 1.72 | -0.71 | 0.71 |
| 1997 | 0.11 | 1.71 | -0.70 | 0.70 |
| 1998 | 0.11 | 1.70 | -0.70 | 0.70 |
| 1999 | 0.13 | 1.69 | -0.69 | 0.69 |
| 2000 | 0.14 | 1.68 | -0.69 | 0.69 |
| 2001 | 0.15 | 1.66 | -0.68 | 0.68 |
| 2002 | 0.16 | 1.65 | -0.68 | 0.68 |
| 2003 | 0.16 | 1.65 | -0.68 | 0.68 |
| 2004 | 0.16 | 1.65 | -0.68 | 0.68 |
| 2005 | 0.17 | 1.64 | -0.67 | 0.67 |
| 2006 | 0.17 | 1.64 | -0.67 | 0.67 |
| 2007 | 0.19 | 1.62 | -0.66 | 0.66 |
| 2008 | 0.19 | 1.61 | -0.66 | 0.66 |
| 2009 | 0.20 | 1.61 | -0.66 | 0.66 |
| 2010 | 0.21 | 1.60 | -0.66 | 0.66 |
| 2011 | 0.22 | 1.59 | -0.65 | 0.65 |
| 2012 | 0.22 | 1.58 | -0.65 | 0.65 |
| 1993—1997 | 0.106 | 1.714 | -0.703 | 0.703 |
| 1998—2004 | 0.144 | 1.669 | -0.684 | 0.684 |
| 2005—2007 | 0.177 | 1.632 | -0.669 | 0.669 |
| 2008—2012 | 0.208 | 1.599 | -0.656 | 0.656 |
| 1993—2012 | 0.156 | 1.656 | -0.679 | 0.679 |

将 1993—2012 年的宏观税负分别代入（4.48）式，可得到每年度各财政政策工具的乘数大小值，如表 4-3 所示。1993—2012 年，我国政府购买支出乘数处在 1.58 ~ 1.72 之间，平均为 1.656；税收乘数绝对值和转

移支付乘数处在 0.65 ~0.71 之间，平均为 0.679；而且取决于宏观税负水平，所有乘数值从 1996 年以来呈逐年下降的态势。

这里估计得到的乘数值将成为后续评估政策效果的基础，用来研究回答以下两个问题：一是各政策工具对产出增长的贡献度是多少？二是各政策工具平滑经济波动的能力有多大？下面将分析第一个问题，而第二个问题将是本章 4.3 节的分析重点。

财政政策对产出的贡献度大小，体现了政策拉动产出增长的能力。贡献度的计算方法是：首先，将某种政策工具的年度变化量乘以当年乘数值，得到当年该政策工具的乘数效应值；然后，将该效应值除以当年 GDP 值，就可得到该政策工具对产出的贡献度，体现的是政策拉动产出增长的能力；最后，如果将政府购买、税收和转移支付三种政策工具乘数效应值相加，将它们的总和除以当年 GDP 值，那么就可得到总体财政政策对产出的总贡献度①。按照这种方法，1993—2012 年财政政策及其各政策工具对产出增长的贡献度计算结果如表 4 -4 所示。

**表 4 -4　1993—2012 年财政政策及其政策工具的产出贡献度**　　(%)

| 年度 | 政府购买政策 | | | 税收政策 | 转移支付政策 | 总体财政政策 |
|---|---|---|---|---|---|---|
| | 总购买 | 政府消费 | 政府投资 | | | |
| 1993 | 3.46 | 3.07 | 0.39 | -0.90 | 0.005 | 2.51 |
| 1994 | 1.76 | 2.01 | -0.24 | 0.22 | 0.005 | 2.02 |
| 1995 | -0.77 | -0.77 | 0.003 | -0.04 | 0.004 | -0.65 |
| 1996 | 1.95 | 2.06 | -0.11 | -0.35 | 0.004 | 1.73 |
| 1997 | 2.16 | 2.05 | 0.11 | -0.97 | 0.004 | 1.43 |
| 1998 | 3.41 | 2.41 | 0.99 | -0.88 | 0.004 | 2.90 |
| 1999 | 4.09 | 2.84 | 1.25 | -1.17 | 0.003 | 3.39 |
| 2000 | 3.64 | 3.21 | 0.42 | -1.30 | 0.003 | 2.96 |
| 2001 | 3.27 | 2.63 | 0.64 | -1.64 | 0.003 | 1.76 |
| 2002 | 2.79 | 1.92 | 0.87 | -1.39 | 0.002 | 1.73 |

① 当然，所有的变量值都要按可比价转化为实际值（仍然以 1978 年价格为 100 的居民消费价格指数对各变量名义值进行平减）。

续表

| 年度 | 政府购买政策 | | | 税收政策 | 转移支付政策 | 总体财政政策 |
|---|---|---|---|---|---|---|
| | 总购买 | 政府消费 | 政府投资 | | | |
| 2003 | 0.65 | 1.27 | -0.62 | -1.08 | 0.002 | -0.25 |
| 2004 | 2.03 | 1.56 | 0.47 | -1.42 | 0.002 | 0.75 |
| 2005 | 3.94 | 3.21 | 0.74 | -1.49 | 0.002 | 2.77 |
| 2006 | 3.08 | 2.75 | 0.34 | -1.68 | 0.001 | 1.79 |
| 2007 | 2.96 | 2.37 | 0.58 | -2.26 | 0.001 | 0.65 |
| 2008 | 2.80 | 1.90 | 0.89 | -1.23 | 0.001 | 1.51 |
| 2009 | 4.16 | 1.95 | 2.21 | -1.08 | 0.001 | 3.28 |
| 2010 | 2.41 | 2.45 | -0.04 | -1.92 | 0.001 | 0.74 |
| 2011 | 2.71 | 2.33 | 0.38 | -1.73 | 0.001 | 1.24 |
| 2012 | 3.13 | 1.93 | 1.20 | -1.05 | 0.001 | 2.24 |
| 1993—1997 | 1.71 | 1.68 | 0.03 | -0.41 | 0.004 | 1.30 |
| 1998—2004 | 2.84 | 2.26 | 0.57 | -1.27 | 0.003 | 1.57 |
| 2005—2007 | 3.33 | 2.78 | 0.55 | -1.81 | 0.001 | 1.52 |
| 2008—2012 | 3.04 | 2.11 | 0.93 | -1.40 | 0.001 | 1.64 |
| 1993—2012 | 2.68 | 2.16 | 0.52 | -1.17 | 0.0025 | 1.51 |

注：表中第5列使用的是税收数据而不是财政收入数据，这主要是为了考虑税收政策是一个财政政策工具，而财政收入中其他来源的收入变动不一定是通常意义上的财政政策行为。另外，由于小数点后三位四舍五入的关系，总购买的效应与政府消费和政府投资的效应之和有极小的出入。

从总体上看，我国财政政策在拉动产出增长方面具有重要的地位，产出增长贡献度的大小也反映了财政政策类型的影响。1993—2012年财政政策平均拉动产出增长1.51个百分点，最高在1999年拉动产出增长3.39个百分点；而且，从产出贡献度这个角度，也可以看到财政政策的调控方向，例如：在紧缩性财政政策实施期间的产出贡献度要小于扩张性财政政策实施期间的，在1993—1997年平均拉动产出增长1.30个百分点，在1998—2004年和2008—2012年则分别为1.57个百分点和1.64个百分点。

从三个常用政策工具来看，政府税收政策在绝大多数年度里对产出增长作出了负贡献，20年间平均抑制产出增长1.17个百分点。这主要是因为我国无论是在扩张性政策还是紧缩性政策实施期间，税收收入几乎都是在增加的，没有实施过全面减税的政策实践，它反映的是税收政策不是政府稳增长的主要工具。转移支付政策对产出增长的贡献尽管非常小，但也可以看到贡献度呈逐年下降的趋势，这一点反映了转移支付政策也没有成为政府宏观调控的常用工具。政府购买政策在拉动产出增长方面贡献最大，1993—2012 年平均拉动产出增长 2. 68 个百分点，最高在 2009 年拉动产出增长 4. 16 个百分点，而且还可以看到它的贡献度波动性最大，波幅达到 4. 93 个百分点，贡献度的较大波动恰恰反映了政府购买政策是政府财政政策的常用工具，贡献度大小体现了政策方向。

最后，再从政府购买政策的构成来看，政府消费政策在拉动产出增长方面的贡献要大于政府投资政策。20 年间，政府消费政策平均拉动产出增长 2. 16 个百分点，而政府投资政策只有 0. 52 个百分点，而且有 4 年中对产出贡献为负。然而，贡献度的数据同时也表明，与政府消费政策相比，政府投资政策对总体财政政策取向比较敏感，且年度间波动较大，这反映了在政府购买政策中，财政投资政策又是常用的工具。

### 4. 2. 3　一般均衡乘数

现在，我们转向第二种乘数估计方法，即在 DSGE 模型中通过参数校准，求解财政政策乘数。首先运用 4. 1. 2 节中的标准新凯恩斯模型，然后再引入消费—工作互补性以拓展这个模型，从而探讨我国财政政策可能存在的传导机制。

参考国内相关文献，模型结构参数校准值如表 4 – 5 所示。依据乘数解析式（4. 35）式和（4. 37）式，可得到政府购买的产出乘数值为 0. 81，相应的消费乘数值为 – 0. 19；对通货膨胀的影响是：当支出增加 1% 时，年度通货膨胀率上升 0. 036 个百分点。这些数据表明，政府购买支出扩张导致了产出扩张并推高了物价水平，降低了私人消费水平①。

① 需要说明的是，因为在这个模型中李嘉图等价定理成立，所以扩张性政府购买支出通过负的财富效应挤出了部分私人消费。

表 4－5　模型结构参数的年度值校准

| 参数含义及符号 | 年度值 |
| --- | --- |
| 代表性家庭的主观贴现因子 $\beta$ | 0.96 |
| 家庭的跨期替代弹性的倒数 $\sigma$ | 3.00 |
| 劳动供给弹性的倒数 $\varphi$ | 1.50 |
| 每期维持原价中间品厂商比例 $\omega$ | 0.75 |
| 政府支出的持久性参数 $\rho$ | 0.80 |
| 货币政策通货膨胀系数 $\phi_1$ | 1.50 |
| 货币政策产出系数 $\phi_2$ | 0 |
| 政府购买支出占产出的平均比重 $g$ | 0.18 |

数据来源：参考陈昆亭和龚六堂（2006），刘斌（2008），王文甫和朱保华（2010），简志宏等（2011），邓子基和唐文倩（2012），贾俊雪和郭庆旺（2012），郭新强和胡永刚（2012），朱军（2013）等后确定。

以上得到的乘数估计值与4.2.2节中的结论不一致，因此我们在标准新凯恩斯主义模型中，修正代表性家庭的效用函数形式，引入消费—工作互补性。Linnemann（2006）表明，当休闲因为负的财富效应而下降时，消费与休闲之间的替代性意味着消费的边际效用必须增加，因此消费和劳动时间都将增加。Christiano，Eichenbaum & Rebelo（2011）表明，名义价格粘性和消费—工作互补性的设定，对于产出乘数大于1非常关键①。采用Christiano，Eichenbaum & Rebelo（2011）对效用函数的设定形式，引入消费—工作互补性，即：

$$\frac{[C_t^{\chi}(1-N_t)^{1-\chi}]^{1-\sigma}}{1-\sigma}+v(G_t) \tag{4.49}$$

其中，$\chi$ 和 $N$ 分别表示消费—工作互补性系数和均衡时劳动时间量，其他设定与前面保持一致。遵循相同的求解思路，可获得政府购买的产出乘数为：

① 当政府支出增加时，总需求 $C_t+G_t$ 增加。因为价格是粘性的，价格加成率在总需求增加之后将下降。加成率的下降引起了劳动需求曲线向外移动，这种方向的移动放大了就业的增加幅度。在代表性家庭的偏好具有消费—工作互补性的情况下，消费的边际效用随着就业增加而增加。只要边际效用增加是足够大的，家庭消费增加是可能的。

$$\frac{dY_t}{dG_t}=$$

$$\frac{(\rho-\phi_1)\kappa-[\chi(\sigma-1)+1](1-\rho)(1-\beta\rho)}{(1-\beta\rho)[\rho-1-(1-g)\phi_2]+(1-g)(\rho-\phi_1)\kappa[1/(1-g)+N/(1-N)]}\times\frac{1}{g} \tag{4.50}$$

这里取 $\chi=0.85$，$N=0.30$，其他参数取值与表4-5相同。根据（4.50）式和（4.37）式，得到新的政府购买支出的产出乘数为1.42，消费乘数为0.42。这个结果与4.2.2节的估计结果比较接近。这表明，消费—工作互补性、垄断竞争和名义价格粘性等三个政策传导机制，可以联合地对我国财政政策效力提供一定的解释力。

### 4.2.4　冲击反应函数

上述计量分析，无论是基于IS-LM模型，还是基于DSGE模型，所获得的乘数估计值本质上都还是属于一种静态乘数，缺乏动态考察。SVAR计量方法可以有效地克服这一点。这里将通过构建SVAR计量分析模型，来检验政府购买支出冲击的动态反应模式①。SVAR模型中除了产出变量，还纳入了就业、价格水平和财政收入三个变量，分别考察扩张性政府购买及其政府消费和政府投资成分，对总产出、就业、价格水平和财政收入的冲击效应。这样做的合理性来自于经济稳定不仅要求产出稳定，还包括价格稳定、就业稳定等内容。

构建一个五变量SVAR模型 $y_t=[G_t\ N_t\ Y_t\ PI_t\ T_t]$。其中：$G$ 是政府购买支出变量（$GS$ 代表政府消费变量，$GI$ 代表政府投资变量），$N$ 是就业变量，$Y$ 是年度GDP，$PI$ 是通货膨胀率（用居民消费价格指数CPI换算而得），$T$ 是财政收入变量。由于SVAR计量分析对样本量要求比较高，这里所有变量取1981—2012年的年度时间序列数据，GDP、政府购买支出和政府收入等变量，均采用经CPI（1978年价格为100）平减后的实际数据。

① 由于在我国，政府购买支出是财政政策总需求管理的主要政策工具，这里为了节省篇幅，只考察了政府购买支出的冲击反应。

另外，由于 SVAR 模型需要使用平稳数据，除通货膨胀率 $PI_t$ 外，各变量均取对数差分，即为年度增长率，这样得到的冲击反应数据反映的是变量之间的弹性关系。按照大多数文献的做法，采用 Cholesky 分解方法建立递归形式的短期约束①，根据 *LR*、*FPE*、*AIC*、*SC* 和 *HQ* 等统计量的选择标准，模型选择滞后 2 期。这些主要宏观经济变量对扩张性政策的冲击反应方式，如图 4－1、图 4－2 和图 4－3 所示。

对总产出来说，扩张性政府购买支出政策在短期具有促进作用。最大政策效果出现在第 2 期。具体到政府消费和政府投资，情况有些不同：扩张性政府消费政策对中短期总产出影响较大，而扩张性政府投资政策对总产出具有长期效应，而在短期内效果不显著。

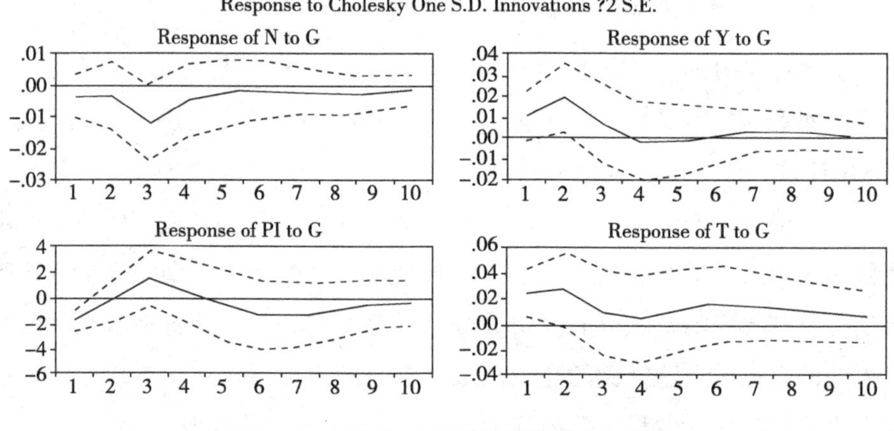


**图 4－1　扩张性政府购买政策的冲击效应**

对城镇就业量来说，从冲击效应图上看，我国扩张性政府购买政策对就业不仅没有促进作用，反而具有抑制作用。这一点与经济理论的预测不同，原因来自于我国在经济转型时期，采取了行政性手段使得国有企业部

① 文献中通常采用 Cholesky 分解方法来识别政府购买政策冲击，如 Blanchard & Perotti(2002)、Perotti(2007)、Gordon & Krenn(2010)等；也有采用叙事方法(Narrative approach)的，如 Ramey & Shapiro(1998)、Edelberg, Eichenbaum & Fisher(1999)、Fatás & Mihov(2001)、Burnside, Eichenbaum & Fisher(2004)、Cavallo(2005)、Ramey(2006, 2011)等；另外还有一种不常用的方法，即符号约束识别方法，如 Mountford & Uhlig(2002)和 Pappa(2005)等。

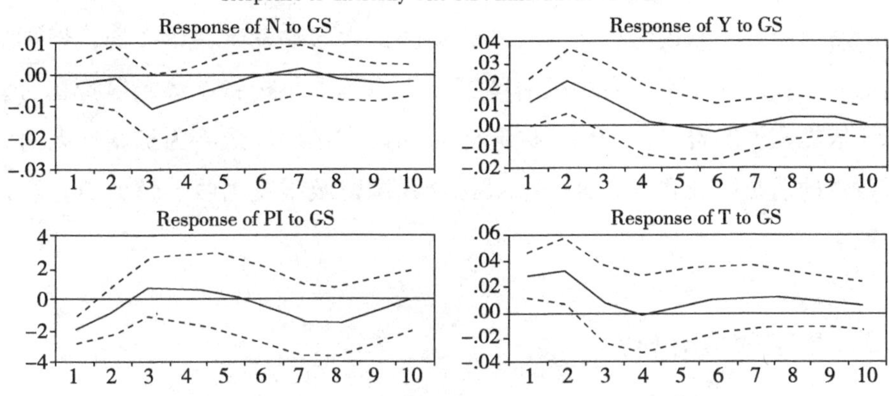


**图4-2 扩张性政府消费政策的冲击效应**

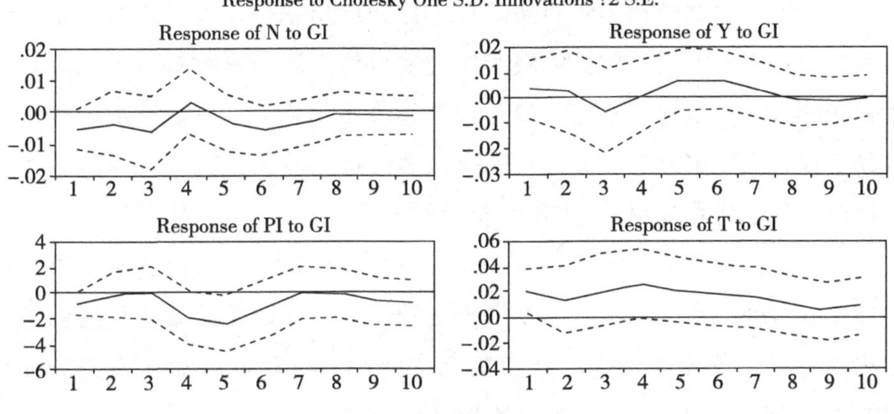


**图4-3 扩张性政府投资政策的冲击效应**

分工作人员下岗失业，这种方式成为城镇就业市场波动的主导性因素。

对通货膨胀率或价格水平来说，扩张性政府购买在前两期内降低了通货膨胀率，而在第3期最大幅度地提高了物价水平。扩张性政府消费的冲击效应与政府购买相类似，前两期内降低了通货膨胀率，但在随后提高价格水平的时期要长一些。扩张性政府投资对物价水平一直具有抑制作用。政府购买会在短期内造成物价水平下降的这一分析结果并不少见，国际上 Fatás & Mihov（2001）、Mountford & Uhlig（2005）和 Perotti（2004）等，国内的张少华（2014）等研究都发现了这类现象。

对财政收入来说，扩张性政府购买的最大影响发生在第 2 期，但影响周期非常长。这是由于我国政府购买支出总体上呈扩张态势，尽管在有些时期依靠国债融资，而国债只能起到短期调节作用，最终为扩张性政府购买融资的还是财政收入。这个结果符合我国财政增支增收、债务负担不高的现实。

## 4.3 稳定效应分析

财政政策管理总需求不仅要能够促进产出增长，还需要缓解产出波动。现代宏观经济理论通常将产出与其长期增长趋势的偏离定义为经济波动，把产出与长期增长趋势的偏离水平称为产出缺口，增长扩张产生的缺口称为通货膨胀缺口，增长紧缩产生的缺口称为通货紧缩缺口。无论是通货膨胀缺口，还是通货紧缩缺口，都是经济不稳定的表现。因此，如果财政政策致力于稳定经济，那么它就应该通过运用政策工具来消除这两个产出缺口，其经济稳定效应也就表现为熨平产出缺口、平滑经济波动的能力。然而，在经验分析中，应该如何度量财政政策的这种能力呢？这可以通过比较两种状态下产出波动差异来实现，即考察财政政策变化之前的产出波动与财政政策变化后的产出波动之间的差异程度（李永友，2007）。用数学语言来表述，政策的产出稳定效应就是：

$$SE = \frac{\sigma(Y^b) - \sigma(Y^a)}{\sigma(Y^b)} \times 100\% \tag{4.51}$$

其中：$\sigma(Y^a)$、$\sigma(Y^b)$ 分别表示有和无财政政策变化的产出波动标准差，而 $SE$ 表示的就是政策的平滑经济波动的能力，即政策的经济稳定效应，其值越大表示政策稳定效应越大。如果要评估某一年度的政策平滑能力，则可以用以下公式表示：

$$SE_t = \frac{y^b - y^a}{y^b} \times 100\% \tag{4.52}$$

其中：$y^a$、$y^b$ 分别表示当年有和无财政政策变化的产出缺口。$SE_t$ 值越大，说明政策对当年经济波动平滑能力就强。由（4.51）式和（4.52）式两个定义式可知，如果 $0 < SE \leqslant 100\%$ ，那么说明政策作用具有平滑产出波动的能力，因为它对抵消产出缺口发挥了作用，其中 $SE = 100\%$ ，表示完全熨平产出缺口；如果 $SE < 0$ ，就说明政策作用加大了产出缺口；如果 $SE > 100\%$ ，就说明政策作用把通货紧缩缺口转化成为通货膨胀缺口，或者是把通货膨胀缺口转化成为通货紧缩缺口。

依据上述说明，这里在评估政策稳定效应时所采取的经验分析方法是：首先，通过估计 IS – LM 模型系数值，计算财政政策各工具的各年度乘数值；其次，利用财政数据计算各年度各政策工具的产出效应；再次，分别估算有无财政政策时的产出缺口值（以占当年 GDP 的比重表示）；最后，利用（4.51）式和（4.52）式两式分别计算总体和年度的政策稳定效应。本节将依据上述对财政政策经济稳定效应的理解和对度量方法的介绍，在4.2.2 节 IS – LM 模型政策乘数估计结果的基础上，评估我国1993—2012 年财政政策的产出稳定效应。

### 4.3.1　产出缺口估计

在估算政策稳定效应的过程中，度量政策作用前后产出缺口的方法至关重要，它是进一步计算政策平滑波动能力的基础。文献中估算产出缺口的方法通常有趋势回归法、生产函数法和统计滤波法等，各种方法都有其优缺点。这里采用 HP 滤波方法，估算有和无政策变化的产出缺口。

HP 滤波方法是一种对经济时间序列数据趋势部分与周期部分进行分解的常用方法。以 GDP（以 $Y_t$ 表示）时间序列数据为例，假设 $\{Y_t\}$ 是包含趋势成分和周期成分的时间序列，$\{Y_t^T\}$ 是其中含有的趋势成分，$\{Y_t^c\}$ 是其中含有的周期成分（也可以称之为波动成分），即存在：

$$Y_t = Y_t^T + Y_t^c \tag{4.53}$$

表 4-6 1993—2012 年财政政策作用前后的产出缺口 (%)

| 年度 | 当年产出缺口 | 政府购买政策作用前产出缺口 | 政府消费政策作用前产出缺口 | 政府投资政策作用前产出缺口 | 政府税收政策作用前产出缺口 | 转移支付政策作用前产出缺口 | 财政政策作用前产出缺口 |
|---|---|---|---|---|---|---|---|
| 1993 | 15.12 | 12.95 | 13.43 | 14.64 | 16.21 | 15.21 | 14.13 |
| 1994 | 12.67 | 12.45 | 12.19 | 12.93 | 12.36 | 12.74 | 12.22 |
| 1995 | 9.50 | 12.08 | 11.96 | 9.62 | 9.21 | 9.51 | 11.80 |
| 1996 | 7.54 | 7.63 | 7.31 | 7.86 | 7.34 | 7.62 | 7.52 |
| 1997 | 4.75 | 4.88 | 4.70 | 4.93 | 4.95 | 4.76 | 5.09 |
| 1998 | 1.54 | 0.66 | 1.28 | 0.92 | 1.46 | 1.44 | 0.48 |
| 1999 | -2.08 | -3.44 | -2.63 | -2.90 | -2.07 | -2.26 | -3.60 |
| 2000 | -5.26 | -6.01 | -6.07 | -5.20 | -5.28 | -5.58 | -6.35 |
| 2001 | -7.37 | -7.66 | -7.54 | -7.49 | -7.18 | -7.21 | -7.31 |
| 2002 | -8.31 | -8.05 | -7.74 | -8.61 | -8.46 | -8.35 | -8.26 |
| 2003 | -8.96 | -6.52 | -7.74 | -7.74 | -9.49 | -8.88 | -6.97 |
| 2004 | -8.46 | -7.36 | -7.54 | -8.29 | -8.68 | -8.37 | -7.50 |
| 2005 | -6.96 | -7.77 | -7.73 | -7.01 | -7.12 | -7.07 | -8.03 |
| 2006 | -2.80 | -2.83 | -3.21 | -2.42 | -2.71 | -2.99 | -2.94 |
| 2007 | -0.80 | -0.74 | -0.90 | -0.63 | -0.09 | -0.57 | 0.19 |
| 2008 | -0.30 | -0.08 | 0.03 | -0.41 | -0.59 | -0.06 | -0.14 |
| 2009 | 0.17 | -1.00 | 0.41 | -1.24 | -0.27 | 0.15 | -1.44 |
| 2010 | 1.86 | 2.40 | 1.56 | 2.70 | 2.32 | 1.79 | 2.78 |
| 2011 | 3.77 | 3.95 | 3.52 | 4.20 | 4.09 | 3.69 | 4.19 |
| 2012 | 4.09 | 3.84 | 4.22 | 3.71 | 3.76 | 4.10 | 3.52 |

注：各种产出缺口均为当年实际 GDP 的百分比。

从时间序列数据 $\{Y_t\}$ 中分离出 $\{Y_t^T\}$ 和 $\{Y_t^c\}$，HP 滤波方法就是使下面的损失函数最小化，即：

$$\min\left\{\sum_{t=1}^{T}(Y_t - Y_t^T)^2 + \lambda\sum_{t=2}^{T-1}[(Y_{t+1}^T - Y_t^T) - (Y_t^T - Y_{t-1}^T)]^2\right\} \quad (4.54)$$

HP 滤波依赖于参数 $\lambda$，该参数需要先验地给定。通常情况下，对于年度数据，$\lambda$ 一般取值 100；对于季度数据，一般取值 1600；对于月度数据，一般取值14400。运用上述介绍的HP滤波方法，在Eviews7.0软件中分别估算出不同财政政策工具和财政政策总体作用前后的产出缺口，结果如表4-6所示。这些产出缺口数据，是进一步估算财政政策各种稳定效应的基础。运用（4.51）式和（4.52）式，可以获得财政政策及其工具的稳定效应，结果如表4-7所示。

**表4-7　1993—2012年财政政策及其工具的产出稳定效应**　（%）

| 年度 | 政府购买 | | | 政府税收 | 转移支付 | 财政政策 |
|---|---|---|---|---|---|---|
| | 总体 | 政府消费 | 政府投资 | | | |
| 1993 | -16.81 | -12.59 | -3.31 | 7.19 | 0.61 | -7.04 |
| 1994 | -1.73 | -3.92 | 2.03 | -2.41 | 0.59 | -3.64 |
| 1995 | 21.33 | 20.56 | 1.23 | -3.10 | 0.12 | 19.44 |
| 1996 | 1.25 | -3.06 | 4.07 | -2.69 | 1.13 | -0.28 |
| 1997 | 2.73 | -1.07 | 3.72 | 4.26 | 0.21 | 6.79 |
| 1998 | -134.59 | -20.38 | -67.90 | -5.31 | -6.71 | -222.22 |
| 1999 | 39.42 | 20.73 | 28.01 | -0.89 | 7.81 | 42.08 |
| 2000 | 12.45 | 13.31 | -1.15 | 0.49 | 5.75 | 17.23 |
| 2001 | 3.74 | 2.23 | 1.58 | -2.57 | -2.23 | -0.87 |
| 2002 | -3.15 | -7.25 | 3.58 | 1.90 | 0.58 | -0.57 |
| 2003 | -37.49 | -15.81 | -15.76 | 5.94 | -0.90 | -28.57 |
| 2004 | -14.92 | -12.26 | -2.10 | 2.63 | -1.07 | -12.87 |
| 2005 | 10.39 | 9.88 | 0.63 | 2.21 | 1.49 | 13.28 |
| 2006 | 1.27 | 12.91 | -15.65 | -3.23 | 6.62 | 4.91 |
| 2007 | -7.12 | 11.93 | -25.30 | -89.05 | -39.90 | 512.97 |
| 2008 | -261.08 | 1012.65 | 27.88 | 100.84 | -390.73 | -104.45 |
| 2009 | 116.55 | 59.74 | 113.29 | -261.69 | -9.95 | 111.43 |
| 2010 | 22.39 | -19.56 | 31.13 | 24.70 | -4.19 | 33.12 |
| 2011 | 4.53 | -7.01 | 10.15 | 8.45 | -2.21 | 9.94 |
| 2012 | -6.55 | 3.10 | -10.30 | -8.12 | 0.27 | -16.27 |
| 1993—1997 | -7.96 | -3.35 | -6.38 | 6.19 | 0.69 | -8.11 |
| 1998—2004 | -28.55 | -16.01 | -10.18 | 3.26 | -2.03 | -27.56 |
| 2005—2007 | 13.46 | 9.26 | 5.2 | 15.08 | 5.77 | 28.2 |

续表

| 年度 | 政府购买 | | | 政府税收 | 转移支付 | 财政政策 |
|---|---|---|---|---|---|---|
| | 总体 | 政府消费 | 政府投资 | | | |
| 2008—2012 | 7.45 | -4.63 | 13.06 | 4.94 | -2.51 | 11.81 |
| 1993—2012 | -1.33 | -1.49 | 0.52 | 1.69 | -0.13 | 0.70 |

### 4.3.2 总体政策的稳定效应

图4-4所示的为财政政策总体作用前后的产出缺口对比。我国实际产出缺口在1993—1998年表现为通货膨胀缺口，在1999—2009年期间表现为通货紧缩缺口，2010—2012年又表现为通货膨胀缺口。在20年中，有8年财政政策总体上减小了产出缺口，有10年则加剧了产出缺口。另外，2007年财政政策将通货膨胀缺口转化为通货紧缩缺口，2009年财政政策则将通货紧缩缺口转化为通货膨胀缺口，但是缺口规模在转化前后都比较小。

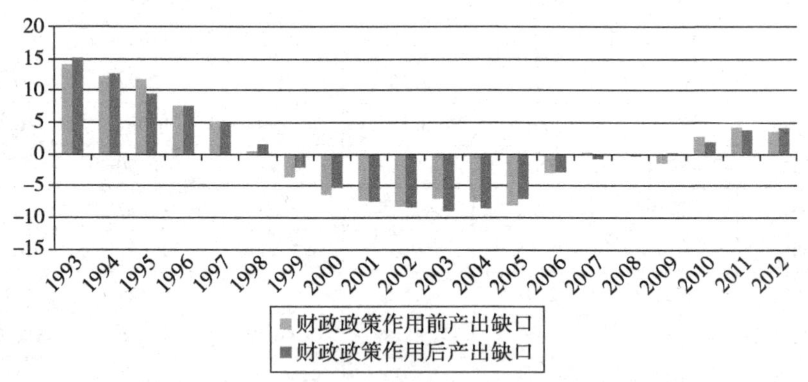


**图4-4 1993—2012年财政政策作用前后的产出缺口**

如果将20年看作一个整体，那么财政政策在稳定产出波动方面几乎没有作用，整体稳定效应只有0.70%。如果财政政策的实施目标是稳定经济波动，那么这里的分析结果表明，这个目标没有得到很好地实现。如果分别分析每一轮财政政策实践，由表4-6可知，我国财政政策在1993—1997年和1998—2004年的两次实践中，没有起到熨平经济波动的作用，财政政策显然还加剧了经济波动，其平滑产出的效应均为负值；在2005—2007和2008—2012年的两次实践中，财政政策的平滑产出的效应均为正值，说明产生了较好的熨平产出波动效应，其中2005—2007年效果最好。

### 4.3.3 不同政策工具的稳定效应

继续分析不同政策工具的稳定效应。这样做，不单纯是为了获得政策工具的定量效果，还为了探讨财政政策总体效应不高的原因。这是因为总体效应不强，既有可能是政策工具的效应不强的原因，也有可能是政策工具搭配不善造成效应抵消的原因。

由图4-5、图4-6和图4-7可知，政府购买政策对产出缺口的影响能力最大，转移支付的影响能力最小。但是，如果把20年看作一个整体，那么政府税收政策发挥了一定的稳定产出波动作用，而政府购买政策和转移支付政策则加剧了产出波动。进一步分析四轮政策实践的阶段效果，可以发现：与财政政策总体效应相似，各政策工具在后两轮政策实践中的效果都好于前两轮；政府税收政策在四轮实践中一直起到了稳定产出波动作用，且在1993—1997年和1998—2004年中起到了唯一的稳定作用。

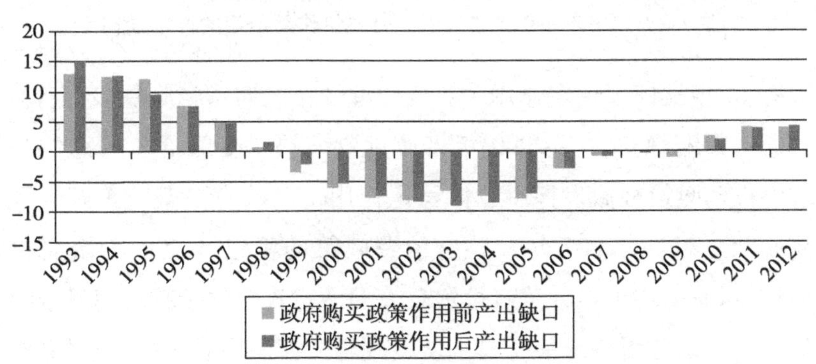


**图4-5　1993—2012年政府购买政策作用前后的产出缺口**

如果再从政府购买中的政府消费和政府投资两个成分来看，政府消费政策有8年发挥了稳定作用，有7年继续拉大通货膨胀缺口，有3年继续拉大通货紧缩缺口，2008年将通货膨胀缺口转变为通货紧缩缺口；政府投

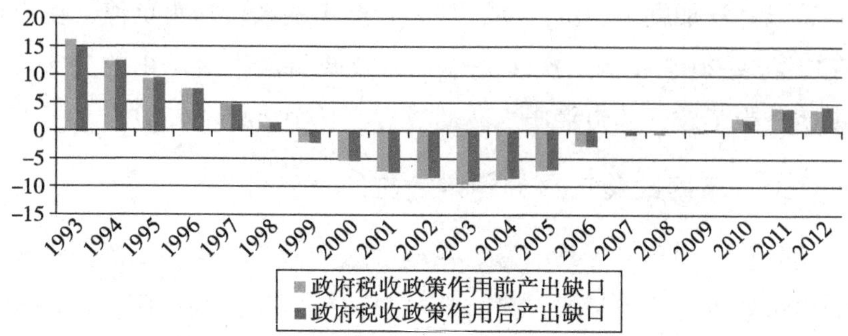


**图 4－6　1993—2012 年政府税收政策作用前后的产出缺口**

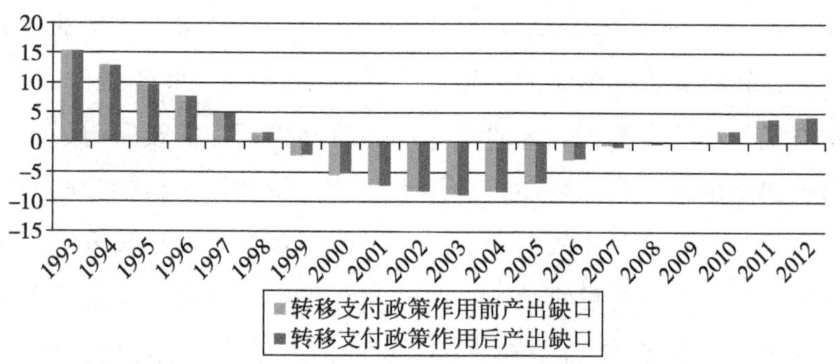


**图 4－7　1993—2012 年转移支付政策作用前后的产出缺口**

资政策有 12 年发挥了稳定作用，有 3 年继续拉大通货膨胀缺口，有 4 年继续拉大通货紧缩缺口，在 2009 年将通货紧缩缺口变为通货膨胀缺口。20 年中政府投资政策轻微发挥了总体稳定作用，而政府消费政策则轻微加剧了经济波动。2005—2007 年，政府消费政策的稳定效应优于政府投资政策，而在 2008—2012 年，政府投资政策的稳定效应优于政府消费政策。

最后，再来分析各政策工具的协调配合方面。由表 4－7 以及各产出缺口对比图可以看到：20 年中只有 3 年（分别为 1997 年、2000 年和 2005 年），政府购买政策、税收政策和转移支付政策同时实现了经济稳定作用；而且，在四轮财政政策实践中，只有 2005—2007 年三大财政政策工具同时实现了经济稳定作用。这说明，我国财政政策在实践运用中，政策工具之间协调配合不够。

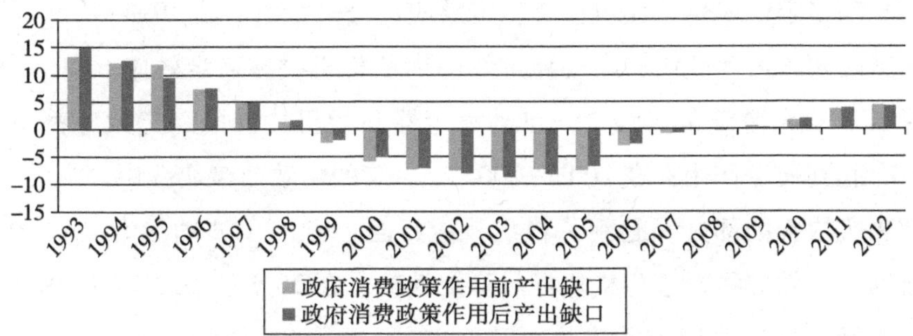


**图4-8 1993—2012年政府消费政策作用前后的产出缺口**

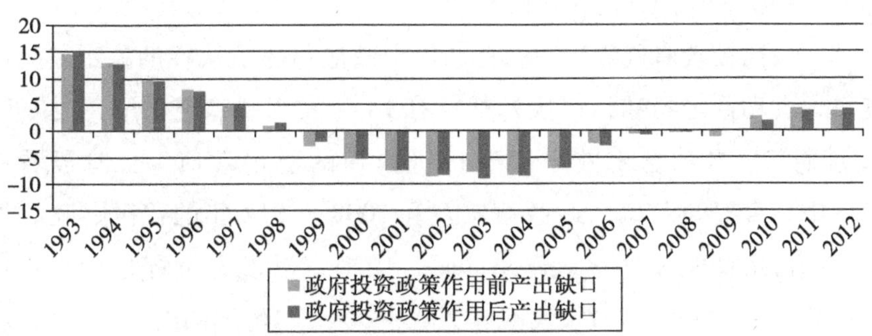


**图4-9 1993—2012年政府投资政策作用前后的产出缺口**

### 4.3.4 不同调控机制的稳定效应

在文献中，对不同调控机制的财政政策度量，通常使用结构性赤字和周期性赤字方法。这里，为了与前文保持一致，采用HP滤波技术首先从实际财政收支变量中分离出相机抉择部分①；然后从实际财政收支的年度变化中减去相机抉择部分，从而获得财政政策变化的自动稳定部分；最后再运用乘数估计结果，使用与4.3.1节相同的方法估计不同调控机制作用前后的产出缺口，计算产出平滑能力。结果如表4-8所示。

首先，我们比较政府购买政策的自动稳定效应和相机抉择的稳定效应。分年度看，2003年以前相机抉择稳定效应优于自动稳定效应，2003年

① 在文献中，通常认为相机抉择部分具有随机冲击的特征。

以后自动稳定效应优于相机抉择稳定效应。分阶段看，在 1993—1997 年适度从紧财政政策实践中，自动稳定效应优于相机抉择稳定效应；在 1998—2004 年积极财政政策实践中，自动稳定器和相机抉择的稳定效应都不好，都没有起到稳定作用；在 2005—2007 年稳健的财政政策实践中，自动稳定器和相机抉择的部分都起到了稳定效应，但平滑产出波动能力小于 10%，且自动稳定效应稍好于相机抉择的稳定效应；在 2008—2012 年的积极财政政策实践中，自动稳定器发挥了稳定作用，而相机抉择没有发挥稳定作用。从 1993—2012 年整体上看，相机抉择没有发挥稳定作用，自动稳定器发挥了一些稳定作用，但作用规模较小。

其次，比较政府税收政策的自动稳定效应与相机抉择的稳定效应。分年度看，自动稳定器和相机抉择都只有 10 年发挥了稳定作用，在 1996—2002 年期间，自动稳定效应优于相机抉择的稳定效应。分阶段看，在 1993—1997 年适度从紧财政政策实践和 2008—2012 年的积极财政政策实践中，相机抉择发挥了稳定作用，而自动稳定器没有发挥稳定作用；在 1998—2004 年积极财政政策实践和 2005—2007 年稳健的财政政策实践中，自动稳定器和相机抉择都发挥了稳定作用，但相机抉择稳定效应都优于自动稳定效应。从 1993—2012 年整体上看，自动稳定器没有发挥稳定作用，相机抉择发挥了一些稳定作用，但作用规模较小。

最后，我们比较转移支付政策的自动稳定效应和相机抉择的稳定效应。分年度看，自动稳定器有 9 年、相机抉择有 10 年发挥了稳定作用，只有 3 年两部分同时发挥了稳定作用。分阶段看，在 1993—1997 年适度从紧财政政策实践和 2005—2007 年稳健的财政政策实践中，自动稳定器发挥了稳定作用，而相机抉择没有发挥稳定作用；在 1998—2004 年积极财政政策实践和 2008—2012 年的积极财政政策实践中，自动稳定器和相机抉择都没有发挥稳定作用。从 1993—2012 年整体上看，相机抉择没有发挥稳定作用，而自动稳定器发挥稳定作用的能力也极其有限。

表4-8　1993—2012年财政政策不同调控机制的产出稳定效应　　(%)

| 年度 | 自动稳定部分 | | | 相机抉择部分 | | |
|---|---|---|---|---|---|---|
| | 政府购买 | 政府税收 | 转移支付 | 政府购买 | 政府税收 | 转移支付 |
| 1993 | -0.72 | -0.35 | 3.23 | -15.84 | 7.01 | -2.88 |
| 1994 | 9.45 | -5.15 | 1.34 | -13.8 | 2.43 | -0.82 |
| 1995 | 10.69 | -1.34 | -0.46 | 13.16 | -1.81 | 0.55 |
| 1996 | -22.90 | 2.42 | -1.84 | 16.6 | -5.45 | 2.90 |
| 1997 | -39.44 | 5.67 | -5.69 | 23.72 | -1.77 | 5.42 |
| 1998 | -444.92 | -3.24 | -22.59 | 19.53 | -2.22 | 11.35 |
| 1999 | 9.00 | 5.52 | 8.57 | 35.56 | -7.22 | -1.61 |
| 2000 | -29.75 | 4.66 | 0.73 | 27.09 | -4.60 | 4.79 |
| 2001 | -35.16 | 4.21 | -3.35 | 23.02 | -7.49 | 0.77 |
| 2002 | -33.50 | 5.87 | -0.63 | 18.06 | -4.54 | 0.93 |
| 2003 | -22.98 | 3.51 | -0.78 | -9.39 | 2.25 | -0.39 |
| 2004 | 7.86 | -2.77 | 0.39 | -27.4 | 5.06 | -1.74 |
| 2005 | 19.33 | -6.73 | 1.76 | -14.12 | 7.84 | -0.56 |
| 2006 | 23.56 | -26.48 | 1.18 | -41.9 | 15.05 | 5.10 |
| 2007 | 49.75 | -150.54 | -20.5 | 1869.12 | -40.78 | 7.57 |
| 2008 | 72.04 | 36.34 | -29.48 | 143.48 | 30.43 | -1.25 |
| 2009 | 125.62 | 41.85 | 5.63 | 187.82 | 142.80 | 27.77 |
| 2010 | 21.94 | 19.41 | -2.16 | 0.74 | 0.61 | 5.84 |
| 2011 | 8.63 | -3.53 | -2.12 | -4.93 | 10.60 | -0.62 |
| 2012 | 14.71 | -17.17 | 1.25 | -30.55 | 6.13 | -1.59 |
| 1993—1997 | 26.52 | -9.39 | 8.55 | -85.65 | 12.87 | -9.66 |
| 1998—2004 | -10.16 | 0.78 | -2.14 | -4.87 | 2.85 | -0.03 |
| 2005—2007 | 10.18 | 3.62 | 4.68 | 4.11 | 12.45 | -2.54 |
| 2008—2012 | 21.86 | -10.42 | -0.6 | -24.71 | 12.81 | -1.96 |
| 1993—2012 | 5.94 | -2.83 | 0.03 | -5.31 | 4.53 | -0.18 |

总之，我国财政政策的自动稳定器作用发挥有限，相机抉择的稳定效应也不高，而且只有在2005—2007年稳健的财政政策实践中，自动稳定器和相机抉择都发挥了稳定作用。

### 4.3.5 影响稳定效应的主要因素

根据上述分析，我们可以获得一个基本的认识，那就是虽然我国财政政策在拉动总需求增长方面表现较好，但在稳定产出波动方面没有发挥应有的作用，与理论预测有较大的差距。那么，为什么我国财政政策的产出稳定效应不强？这需要从以下几个方面来分析。

宏观经济学理论表明，财政政策稳定效应由自动稳定效应和相机抉择稳定效应两个部分构成。自动稳定效应取决于相关财政制度安排，而相机抉择稳定效应则取决于政策操作水平，例如政府对政策力度的把握、政策工具间的协调配合以及政策实施时机的选择等因素，都会对相机抉择的政策效应产生影响。由 4.3.4 节的结果可知，我国财政政策稳定效应不高的第一个原因是其自动稳定效应不高，特别是税收政策没有发挥自动稳定效应。

在政策力度方面。由表 4 – 6 和表 4 – 7 可以明显地看到，政府没有很好地把握政策力度。就政府购买政策来说，虽然在 20 年中，有 10 年降低了产出缺口，但是降低的幅度并不大，其中有 5 年的降幅还不到 5%，2009 年还将 1% 的通货紧缩缺口转变成 0.17% 的通货膨胀缺口，特别是在政策转型之年，如 1993 年、1998 年、2008 年，力度太大以致加剧了产出波动。政府消费政策和政府投资政策两方面的情况也是相似的，其中政府投资政策在发挥了稳定产出作用的 12 年中，有 7 年减少产出缺口的幅度不到 5%，也是在 2009 年将通货紧缩缺口变为通货膨胀缺口。另外，如果从 20 年中的四个政策周期来看，共同的规律是周期的前 1 ~ 2 年加剧产出增长波动，而后发挥稳定作用，但效果递减，最后在周期尾部又加剧波动。这都是政策力度把握不好的证据。

在政策工具配合方面。一般情况下，为消除通货紧缩缺口，扩张性政府购买政策需要配合减税和增加转移支付；而消除通货膨胀缺口，紧缩性政府购买政策需要配合增税和减少转移支付。政策工具间是否实现了有效配合，可以通过财政政策的总体效果来检验。由表 4 – 7 可以看到，在

1993—2012 年政府没有很好地发挥政策工具组合效应。虽然有 8 年政策工具相对配合得比较好，财政政策整体发挥了稳定性作用，但是在另外的 12 年中政策工具配合得非常不好，使得整体财政政策还加剧了产出波动。即使从政府购买政策本身来看，政策措施之间也缺乏良好的配合，有 10 年政府消费政策与政府投资政策的效应出现相互抵消的现象。

最后来看政策实施时机方面的原因。关于政策实施时机方面的讨论，在宏观经济学中属于政策时滞（Time Lag）范畴。一般情况下，财政政策的时滞按照财政当局是否可控，分为内在时滞和外在时滞两个方面。内在时滞包括财政当局的认识时滞和行动时滞，只涉及财政当局对经济问题的发现与对策研究的过程。外在时滞包括决策时滞、执行时滞和效果时滞，涉及立法当局决策效率、行政系统执行效率以及政策在经济中的作用过程。根据图 4 - 1 至图 4 - 3，可以看到：扩张性购买政策对总产出和政府税收的影响效果，一般都在第 2 期达到最大；而对就业水平和物价水平的影响效果，一般都在第 3 期达到最大。因此，政府购买政策在调控总需求波动时，对主要宏观经济变量作用时滞不一，这增加了政策效应的不确定性，造成了政策实施时机难以有效把握。

# 第5章 结构调整效应

运用财政政策对经济结构进行调节，是世界各国的通行做法，也是我国财政政策实践的一项重要内容。产业结构是经济结构的重要内容，经济结构的调整是以产业结构的调整与优化为主要任务①。因此，本章聚焦于财政政策与产业结构调整之间的理论联系和数量关系，特别是要定量评估我国财政政策的产业结构调整效应。

已有研究主要存在以下几个问题：一是未能从理论上明确阐释财政政策的结构调整机制；二是度量产业结构水平的指标，通常简单地选取第三产业产值比或就业比来代表，缺少综合性度量；三是较少地同时考虑到财政政策的总量效应、区域效应、结构效应和长期效应；四是经验分析更多的是从国家层面进行的，运用省际面板数据来分析的不多，事实上在我国，相对于中央政府，地方政府更是推进产业结构调整优化的主体。

本章首先在5.1节中，系统地梳理财政政策与产业结构调整的理论联系，包括产业结构及其变动的规律，以及财政政策的结构调整机制和效应约束因素；然后，在5.2节中引入用于实证分析的基准模型、主要变量和计量方法；在5.3节中，利用我国省际面板数据和全国时间序列数据，定量研究财政政策在调整产业结构中的总量效应、区域效应、结构效应和长期效应；最后在5.4节中，进一步探讨了财税政策与高新技术产业发展之间的关系。

① 中共十七届五中全会曾经指出，推进经济结构战略性调整是加快转变经济发展方式的主攻方向，而经济结构战略性调整的核心是产业结构的调整和优化。

## 5.1　财政政策与产业结构调整的理论联系

### 5.1.1　产业结构及其变动

国际经验表明：产业结构与经济发展互为因果，而产业结构扭曲是大多数发展中国家不能实现持续高速发展的主要原因之一。产业结构反映的是经济中各产业部门生产能力配置的构成方式，而各产业部门生产能力则由资产、劳动、资源、技术等生产要素配置而成。因此，产业结构可以进一步看作是各生产要素在各产业部门之间配置的构成方式。如（5.1）式所示的投入产出分析方法，可以被用来进一步说明产业结构决定因素（周振华，2014a）。其中，$a_{ij}$ 是投入系数，表示第 $j$ 部门生产一单位产品所需 $i$ 部门投入产品的数量，它由技术关系决定，因而也称之为技术系数；$1/a_{ij}$ 是每一种投入要素的产出效率系数，表示第 $i$ 种要素投入 $j$ 部门对生产一单位产品所作出的贡献；$s_{ij}$ 是生产第 $j$ 种产品而投入 $i$ 种要素的数量，体现要素的投入结构。因此，$s_{ij}/a_{ij}$ 就表示每一种投入要素对某一种产品生产的贡献份额，各种要素的贡献份额总和决定了某一产品的供给（$S_i$）。

$$\begin{bmatrix} s_{11}/a_{11} & s_{12}/a_{12} & \cdots & s_{1n}/a_{1n} \\ s_{21}/a_{21} & s_{22}/a_{22} & \cdots & s_{2n}/a_{2n} \\ \vdots & \vdots & \cdots & \vdots \\ s_{m1}/a_{m1} & s_{m2}/a_{m2} & \cdots & s_{mn}/a_{mn} \end{bmatrix} = \begin{matrix} S_1 \\ S_2 \\ \vdots \\ S_n \end{matrix} \tag{5.1}$$

式（5.1）表明，要素投入结构（$s_{ij}$）和技术结构（$1/a_{ij}$）共同决定了产业结构。进一步分析还发现，投入要素的产出效率系数内在地规定了社会要实现事先计划的产品结构（$S_1, S_2, \cdots, S_n$）应有的资产和劳动的配置结构。一旦给出每种投入要素对某一产品的贡献份额（$s_{ij}/a_{ij}$），实质上也就意味着一定的资产结构和劳动要素结构。由于资产结构包含固定资产存量结构和流动资产数量结构，因而可以把后一种结构与劳动要素结构合并，构成产业的流动资产总量结构，即广义的中间要素投入结构。由此可见，产业结构状态的直接决定因素主要有三个：固定资产结构、技术结构和中间要素投入结构（包括中间产品和劳动要素）[①]。其中，固定资产结构和技术结构是长期决定因素，中间投入要素结构是短期决定因素。调整和优化产业结构，最终需要对这三个直接决定因素产生作用。

在经济发展过程中，市场需求条件的变动、市场供给条件的变动、国际市场供求条件的变动以及经济政策，都能够引起一国产业结构的变动（原毅军和董琨，2008）[②]。在市场需求条件中，人均收入水平的提高是最为重要的因素，这是因为经济中各行业的收入需求弹性是不同的，例如恩格尔定律表明随着收入水平的提高，人们的食物消费支出在收入中的比重会不断下降。在市场供给条件中，资本深化和技术进步是最为重要的因素。物质资本积累既会影响产业固定资产结构和产业技术结构，又会影响劳动就业结构。人力资本提高直接影响到产业技术结构和中间投入要素结构。技术进步直接影响产业技术结构和中间投入要素结构。在国际市场供求条件中，对产业结构变动起到重要推动作用的因素主要包括：进出口贸易、外商直接投资和国际技术转移。其中，进出口贸易通过发展比较优势和比较利益推动国内产业结构变动；外商直接投资和国际技术转移，两者主要通过改变国内产业固定资产投资结构和技术结构，而推动产业结构变动。最后，包括财政政策、货币政策和产业政策等在内的经济政策，通过影响市场需求条件、供给条件和国际供求条件，而直接或间接地促进产业结构变动。

从国民产品的角度来看，产业结构表现为产品供给结构。与产品供给

---

① 固定资产结构主要取决于长期的投资结构，即社会投资总量在各产业之间分配量的构成，它在很大程度上决定了中间要素投入结构和技术结构。根据现代工业的经验，机器设备及其厂房的技术程度，往往与投入的固定资产量有正向相关关系。通常情况下，固定资产规模较大的产业（或企业）往往也拥有较高的技术水平。

② 20世纪60年代中期，库兹涅茨对产业结构变动进行了比较系统的实证研究，他认为，与产业结构变动最为相关的三个因素分别为：技术进步、消费结构的变化和对外贸易。在此之前，关于产业结构变动，古典经济学家提出了社会分工决定论，德国历史学派提出了生产力决定论、恩格尔提出了收入水平决定论、瑞典经济学家赫克谢尔和俄林提出与李嘉图类似的国际贸易论。我国学者周振华（2014a，2014b）认为需求结构变动、相对成本变动与国际贸易是产业结构变动的基本因素。

结构相对应的是产品需求结构。国民产品供求结构的均衡状态，可以说是结构上的最优状态，但现实经济往往呈现出的是供求结构失衡状态。造成供求结构失衡的原因有多种，有的来自供给结构因素，有的来自需求结构因素，调整和优化的重点可能是供给结构方面，也可能是需求结构方面。然而，在两种情况下，必须对供给结构也就是产业结构加以调整和优化（如图5-1所示），即：当产业结构变动滞后于收入引起的需求结构变动时，或者产业结构本身不合理时。产业结构调整优化的目标在这两种情况下是不同的，前者主要是为了实现产业结构高度化，而后者主要是为了实现产业结构合理化。对于产业结构高度化目标来说，主要调节产业的技术结构和固定资产结构，即产业结构的长期决定因素；对于产业结构合理化目标来说，既要调节长期决定因素，又要调节短期决定因素，即中间要素投入结构。

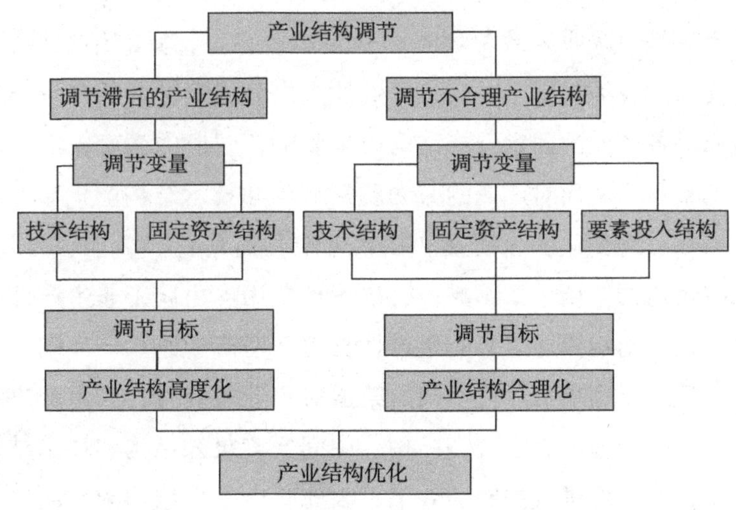


**图5-1　产业结构调节总体模型**

资料来源：周振华（2014a）

产业结构优化主要通过产业结构红利（Valli & Saccone，2009）和产业外部性（Peneder，2003）两个渠道对经济增长产生影响。产业结构调整和优化的过程也就是资源在产业之间的配置不断优化的过程，因而资源配置机制自然也是产业结构优化的机制。在现代经济中，资源配置机制主要有市场机制和计划机制两大类。实践证明，市场机制是比计划机制更为有效的资源配置方式。但是，市场机制也存在事后协调的盲目性，难以解决公共部门和自然垄断行业的发展、外部不经济、贫富两级分化等市场失灵情况，从而使得市场机制的作用范围受到限制，调节效果也相对有限①。因此，政府通过经济政策调整产业结构，就是要在发挥市场机制作用的基础上，综合运用经济、行政和法律等直接或间接手段，鼓励或限制生产要素向某些产业流动，通过生产要素在不同产业间的合理配置，促进产业结构向高技术化、高知识化、高资本密集化和高附加值化发展，最终实现产业结构的优化与升级（储德银和建克成，2014）。

### 5.1.2 财政政策的结构调整机制

财政政策之所以可以用来调整产业结构，是因为其政策体系的各组成部分，无论是财政收入政策还是财政支出政策，都具有结构调整的功能。在政府支出的各类项目中，政府投资性支出直接对社会的投资结构产生影响，从而对各产业的固定资产结构产生影响；政府的教育支出有助于提高劳动力的素质，从而对产业的劳动要素结构和技术结构产生影响；政府科技性支出在支持企业从事研发和技术创新方面具有“汲水功能”，从而对产业的技术结构产生重要影响；行政管理费用支出属于非生产性的社会消费支出，其支出规模通过影响生产性支出而对产业结构产生间接影响。由于不同的政府支出项目通过不同的渠道对企业投资行为和生产决策产生影响，最终影响产业的固定资产结构、中间要素投入结构和技术结构，从而对产业结构产生促进或抑制的效果，因此政府支出结构的变动对产业结构调整具有重要的作用机制。

政府收入也具有结构机制。由于政府税收是政府收入的主要组成部分，这里仅以政府税收结构机制为例。政府税收结构首先决定了不同产业

---

① 历史地看，产业结构的演进是不以人的意志为转移的经济发展趋势。在这一过程中，既有政府的作用，也存在市场的选择。

的税收负担，税负的不同，一方面通过影响不同行业对技术创新的投入程度而影响产业的技术结构；另一方面通过利润机制促进了生产要素在产业间的转移，特别是通过引导企业调整投资方向而影响产业的固定资产结构和中间投入要素结构。其次，政府税收结构还对社会的需求结构产生影响。例如商品税结构影响商品需求结构，所得税结构通过影响收入分配状况而影响需求结构，关税结构影响进出口结构从而影响贸易需求结构，等等。需求结构的变动就会带动产业结构的变动。

这里引用结构式凯恩斯乘数模型（Keynes Structural Multiplier Model），进一步阐释财政政策促进产业结构调整的作用机理（任泽平和潘文卿，2009）。假设在一个投入产出表中，$X$ 是总产出的列向量，$Y$ 是最终产出的列向量，$N$ 是国民收入的列向量，$\bar{N}$是国民收入的总量，$a = (a_1, a_2, \cdots, a_n)$ 为部门增加值率向量，$\hat{a}$ 为 $a$ 中元素组成的斜对角矩阵，$A$ 是直接消耗系数矩阵。根据投入产出理论，$(I - A)^{-1}$ 是完全需求系数矩阵，即列昂惕夫逆矩阵，衡量的是最终产出变动与总产出变动之间的乘数效应。假设一个经济体中存在 $n$ 个部门，表5-1是其投入产出表中的消费矩阵。分别定义消费结构矩阵和边际消费倾向向量为：

$$w = (w_{ij})_{n\times n} \quad w_{ij} = W_{ij} / \bar{W}_j$$

$$c = (c_1, c_2, \cdots, c_n)' \quad c_j = \bar{W}_j / N_j \tag{5.2}$$

其中：$W = (W_{ij})_{n\times n} = (W_1, \cdots, W_j, \cdots, W_n)$ 为消费矩阵，$W_{ij}$ 为第 $i$ 部门分配给第 $j$ 部门作为消费使用的数量，$W_j$ 为第 $j$ 部门的消费构成向量，$\bar{W}_j = \sum_i W_{ij}$ 为 $W_j$ 的列合计值；$c_j$ 为第 $j$ 部门的边际消费倾向，表示第 $j$ 部门单位国民收入（增加值）增量中用于购买消费品的比例；$C = (C_1, C_2, \cdots, C_n)'$ 为投入产出表中第 Ⅱ 象限的最终消费列向量；$C = w\,\hat{c}\,\Delta N$。

在传统的凯恩斯主义乘数模型中，有一个非常重要的隐含假定，即经济中各部门的边际消费倾向和消费结构都是相同的，这是凯恩斯主义总量分析特征所决定的。但是现实中，正是由于各部门边际消费倾向与消费结构的不同，才导致了各部门的投资乘数存在差异。放松这一隐含假定，是构建结构式凯恩斯乘数模型的出发点。

**表 5-1 投入产出表中的消费矩阵**

| | | 消费品 | | | | |
|---|---|---|---|---|---|---|
| | | 部门 1 | 部门 2 | … | 部门 n | 合计 |
| 劳动报酬用于消费的额度 | 部门 1 | $W_{11}$ | $W_{12}$ | … | $W_{1n}$ | $C_1$ |
| | 部门 2 | $W_{21}$ | $W_{22}$ | … | $W_{2n}$ | $C_2$ |
| | … | … | … | … | … | … |
| | 部门 n | $W_{n1}$ | $W_{n2}$ | … | $W_{nn}$ | $C_n$ |
| | 合计 | $\overline{W}_1$ | $\overline{W}_2$ | … | $\overline{W}_n$ | |
| 劳动报酬的消费剩余 | | $Z_1$ | $Z_2$ | … | $Z_n$ | |
| 折旧 | | $D_1$ | $D_2$ | … | $D_n$ | |
| 社会纯收入 | | $T_1$ | $T_2$ | … | $T_n$ | |
| 初始投入（增加值）合计 | | $N_1$ | $N_2$ | … | $N_n$ | |

数据来源：任泽平和潘文卿（2009）。

假设初始期各部门自发投资增量的向量为 $\Delta K$，则依据凯恩斯投资乘数效应的传导原理，可以得到最终各部门的产出向量增量和国民收入总量分别为：

$$\Delta Y = (I - A)(I - A - w\hat{c}\hat{a})^{-1}\Delta K \quad (5.3)$$

$$\Delta \overline{N} = a(I - A - w\hat{c}\hat{a})^{-1}\Delta K \quad (5.4)$$

因此，投资向量对最终产出向量的乘数矩阵应为 $(I - A)(I - A - w\hat{c}\hat{a})^{-1}$，投资向量对国民收入总量的乘数矩阵为 $a(I - A - w\hat{c}\hat{a})^{-1}$。所以，第 $i$ 部门的单位投资带来的部门产出增量为 $(I - A)(I - A - w\hat{c}\hat{a})^{-1}e_i$，带来的国民收入总量的增量为 $a(I - A - w\hat{c}\hat{a})^{-1}e_i$，其中 $e_i = (0,\cdots,0,1,0\cdots,0)$。由于在这个模型中，$c_i \neq c_j, w_i \neq w_j$，因而：

$$(I - A)(I - A - w\hat{c}\hat{a})^{-1}e_i \neq (I - A)(I - A - w\hat{c}\hat{a})^{-1}e_j \quad (5.5)$$

$$a(I - A - w\hat{c}\hat{a})^{-1}e_i \neq a(I - A - w\hat{c}\hat{a})^{-1}e_j \quad (5.6)$$

也就是说，在各部门边际消费倾向和消费结构不同的情况下，各部门的投资乘数取决于部门边际消费倾向而存在差异；而且，即使两项自发投资的总量相同但结构不同，两项投资乘数效应的总量和结构也会存在差异。

以上只是结构式投资乘数模型，为了探讨财政政策对产业结构调整的意义，需要在这个模型的基础上引入税收和政府购买。为此，对宏观经济及结构建立如下方程系统：

$$X - AX = Y$$
$$Y = K + C + G$$
$$C = w\overline{W}$$
$$\overline{W} = b + \hat{c}N_d$$
$$N_d = N - T$$
$$N = \hat{a}X \tag{5.7}$$

其中：$G$ 为政府购买的列向量，$\overline{W} = (\overline{W}_1, \overline{W}_2, \cdots, \overline{W}_n)'$，$N_d$ 为可支配国民收入的列向量，$T$ 为政府税收的列向量，$c = (c_1, c_2, \cdots, c_n)'$，$c_j = \Delta\overline{W}_j / \Delta N_{dj}$ 为可支配国民收入的边际消费倾向。求解上述方程组可得：

$$\Delta Y = -(I - A)(I - A - w\hat{c}\hat{a})^{-1}w\hat{c}\Delta T \tag{5.8}$$

$$\Delta\overline{N} = -a(I - A - w\hat{c}\hat{a})^{-1}w\hat{c}\Delta T \tag{5.9}$$

因此，结构式税收乘数分别为：税收向量对最终产出向量的乘数矩阵为 $-(I - A)(I - A - w\hat{c}\hat{a})^{-1}w\hat{c}$，税收向量对国民收入总量的乘数矩阵为 $-a(I - A - w\hat{c}\hat{a})^{-1}w\hat{c}$。结构式政府购买乘数矩阵则分别等于前述结构式投资乘数，如式（5.3）和式（5.4）所示。

结构式凯恩斯乘数模型具有重要的启示：政府不仅要干预经济运行，而且还要进行结构化的干预，以提高政策效果，实现宏观调控的结构化和精准化[①]。特别是，财政政策可以在调节总需求的同时，实现对产业结构

① 实施产业结构调整中，依据调控思路和作用方向的不同，可以把财政政策分为四种类型：直接干预型支持政策，主要包括财政直接投资和财政补贴等政策措施；直接干预型限制政策，主要包括限制财政投资等政策措施；间接引导型支持政策，主要包括减税、免税、政府采购和加速折旧等政策措施；间接引导型限制政策，主要包括实施高税率和征收附加税等政策措施。这些政策类型在实现产业结构调整优化的具体目标中，通常都是综合运用的。

的调整。也就是说，在总需求调节目标下，可以通过调整优化政府投资结构、政府消费结构和税收结构等，实现对不同产业部门的产出调整，从而调整优化经济的产业结构。

### 5.1.3 财政政策结构效应的约束因素

财政政策的结构调整效果也会受到多种因素的约束。这些因素主要包括：产业结构变动影响因素的多重性、自由市场方式和政策干预方式的协调性、总量调节目标与结构调节目标的冲突性、政策措施组合搭配的有效性等。

产业结构变动影响因素的多重性。产业结构变动是多重因素影响的结果，财政政策只是其中的一个因素。前文已述，影响产业结构变动的因素主要有市场需求条件的变动、市场供给条件的变动、国际市场供求条件的变动以及经济政策引起的变动等。其中，经济政策是一个外生因素，直接或间接地对产业结构变动产生影响。

市场机制和计划机制的协调性。财政政策调整产业结构更多地表现为一种计划机制。一般认为，产业结构调整优化应以市场机制为基础，政府运用政策调控为辅助①。但是，市场与政府的界限并不十分清晰，市场与政府的关系一直都是政府宏观调控中的难点。在运用财政政策调整优化产业结构时，两种机制协调配合程度对政策效果具有直接的影响。

总量调节目标与结构调节目标的冲突性。特别是在经济萧条时期，扩张性财政政策通常伴随的是短期经济刺激计划，这在一定程度上可能会导致部分产业投资的盲目扩张，造成产能过剩和低效资源配置，从而使得低效率的产业结构得到进一步固化，可能造成产业结构优化升级内生动力的缺失和“结构锁定”效应的产生（张杰和杨连星，2013）。

政策措施组合搭配的有效性。在众多的财政政策措施中，不同措施的

---

① 中国人民大学宏观经济分析与预测课题组（2013）认为，在各种市场内生驱动角力、外部环境变迁和政策扭曲等多种因素的作用下，我国产业间、区域间存在的不协调以及各产业内部的若干矛盾和问题不同程度地反映出来，因此，未来产业结构调整需要在平衡目标的指引下，进一步发挥市场的内生动力，将激励机制从扭曲调整为与市场相容，让市场发现新的产业结构。

作用对象和作用方向是不同的，而且即使是同一种政策措施，也可能对不同产业产生非对称性影响，因此政策措施的组合搭配是调整产业结构政策效应的重要影响因素。

## 5.2　计量模型、估计方法与数据处理

本章的定量研究，将先后采用省际面板数据回归模型和多元时间序列回归模型进行计量分析，其中省际面板数据回归模型主要用于定量研究财政政策的当期总量效应、区域效应和结构效应，而多元时间序列回归模型主要用于定量研究财政政策的长期总量效应和结构效应。

### 5.2.1　基准计量模型设定

Chenery & Syrquin（1975）分析比较了1950—1970年101个国家（地区）经济结构转变的全过程，提出了一个如（5.10）式所示的基本回归方程，用以度量所有的结构转变过程①。

$$X = \alpha + \beta_1 \ln Y + \beta_1 (\ln Y)^2 + \gamma_1 \ln N + \gamma_2 (\ln N)^2 + \varepsilon F + \sum \delta_i T_i \tag{5.10}$$

其中：$X$是用比重来表示的经济结构。$Y$是居民的人均收入水平，它是发展的总指数和产出尺度。$N$为总人口，引入总人口是为了考虑规模经济和运输成本对贸易和生产型式的影响，因为规模与收入水平实质上互不相关，所以它的影响不因收入水平而变化。人均收入$Y$和总人口$N$同时都引入了平方项，主要是为了考虑到它们对经济结构变动都具有非线性的影响。$F$为净资本的流入，20世纪60年代Chenery在理论上提出，在非均衡条件下国内自有资源不足将直接产生引进外资及国外生产资料的需求，这种需求有利于推动国内的产业结构变迁和经济增长。$T$为时间，意味着存

① 他们认为，投资和储蓄只是经济发展的必要条件，而不是充分条件，就发展而言，重要的是需要进行全面的结构转变，而影响经济结构变动的主要因素包括：收入水平、资源禀赋、人口规模、政府政策和发展目标，以及国际资本、国际先进技术和国际贸易环境等。

在结构关系随时间而转变但不受收入变化的影响。

基准回归模型反映了影响产业结构升级的需求、供给、国际资源流动三大因素，在理论和实践上产生了深远的影响，成为经济结构分析的一个有用工具，至今仍被国际经济学界广泛采用。为了分析财政政策对产业结构变动的定量影响，本文后面的研究将从多方面对这一基准回归模型进行拓展，即在解释变量向量中再纳入有关控制变量和相应的财政政策变量。

### 5.2.2 面板数据估计方法

在实证分析中，由于单一的横截面数据或时间序列数据经常会有数据量较小、容易产生异方差或者存在多重共线性等缺点，人们就对面板数据及其建模进行了研究①。面板数据模型通常有以下三类：一是混合回归模型，个体之间的差异被忽略，从而可以把面板数据作为一个整体来研究。二是变截距模型，充分考虑到个体之间（即组间）的差异，尤其是对于时间序列较短且截面数据较多的样本来说，更可以近似地认为模型参数主要与个体之间的差异有关，而受时间差异的影响较小。三是变系数模型，在变截距模型的基础上，既要考虑组间的规模差异，又要考虑结构差异。

对面板数据模型进行估计时，首先需要检验样本数据是符合混合回归模型、变截距模型还是变系数模型。由于变系数模型过分追求展现自变量在组间和时间上的数据差异，在一定程度上损失回归分析对数据“一般性”的归纳力，因而在实证分析中，经常会假定斜率系数是常数，即假定个体之间的差异只表现在截距项上，这样就只需从混合回归模型与变截距模型中进行选择。即使经检验后模型适合变截距模型，对系数的估计也面临着固定效应模型与随机效应模型两种模型选择，因而需要通过进一步的检验来判断更适宜选用哪种模型。

由于面板数据模型中的系数参数可能随着个体和时间的不同而改变，进而反映普通模型中被忽略的个体差异因素、时间因素的影响，同时又能

---

① （美）巴尔塔基．面板数据计量经济分析（原书第 4 版）[M]．白仲林等译，北京：机械工业出版社，2010：10－29.

通过特定的估计方法，来克服数据中容易出现的异方差、序列相关和自相关问题，因此估计的结果往往更合适。经过几十年的发展，面板数据模型已发展成为一种比较热门的统计分析方法。另外，面板数据非常适合研究多截面个体的动态调整过程，且既可以研究单一个体在一段时间内的变化情况，又可以分析不同个体在同一时点上的差异，故它能够识别、测量单纯使用横截面或时间序列数据时所无法估计的影响①。

### 5.2.3　变量设置与数据说明

在省际面板数据分析中，样本是 1993—2012 年除新疆和西藏以外的 29 个省、自治区、直辖市的面板数据；在全国时间序列数据分析中，样本时期也是 1993—2012 年，这是为了与面板数据分析保持一致，有利于进行短期效应与长期效应的比较。所有变量数据来自《新中国六十年统计资料汇编》，以及全国、各省相关年份的统计年鉴。

被解释变量为产业结构水平的代理变量，在下面的计量分析中，将使用 $H$ 指数这个变量来代表产业结构水平。解释变量选取的是财政收入、财政支出、增值税、消费税、营业税、企业所得税、个人所得税、关税、公共服务支出、文教科卫支出、社会保障与救助支出、农业支出（在全国时间序列数据分析中，财政支出的构成变量主要是财政投资支出、财政科技支出、财政教育支出、财政卫生支出、农业支出等）等政策代理变量。在省际面板数据分析中，控制变量除了人均收入、总人口、外商直接投资以外，还有金融机构贷款余额、全社会固定资产投资、每万人口在校大学生数。其中：金融机构贷款余额可以反映货币政策的状况，全社会固定资产投资可以反映投资和资本深化的状况，每万人口在校大学生数可以用来反映人力资本状况。由于实际利用外商直接投资额的数据单位为美元，需要根据当年的汇率将美元单位换算为人民币单位。相关数据均已按居民消费价格指数剔除通货膨胀（以 1993 年为基期）的影响。

---

①　但是，在实际分析中，面板数据模型对数据量的要求较高，且不一定能够获得，所以只有在已经收集好面板数据的情况下才能尝试面板数据模型的分析。

各省1991—1996年的文教科卫财政支出为《新中国六十年统计资料汇编》中的“文教科卫事业费”，1997年的文教科卫财政支出为各省年鉴中科技三项费用、文教事业费、科学事业费、卫生经费的总和，1998—2008年的文教科卫财政支出为科技三项费用、文体广播事业费、教育事业费、科学事业费、卫生经费的总和，2008年后的文教科卫财政支出由各省年鉴中的教育、科学技术、文化体育与传媒、医疗卫生加总而得。在全国时间序列数据中，1993年的国内消费税数据是依据1994年消费税与GDP的比重测算而得，1993—1998年的个人所得税是依据1999年个人所得税与GDP的比重测算而得。

## 5.3 财政政策调整产业结构效应的经验证据

### 5.3.1 产业结构水平的新度量

计量模型中的被解释变量 $X$ 应该是能够衡量产业结构的一些指标。国内大部分文献采用第一、二、三产业（主要是第三产业）的产值、从业人员数量的比重来作为产业结构的度量（如：刘宇，2007；郭晔等，2010；王静，2014）①。这种简单度量方法存在的主要问题是，无论使用哪一个产业的产值或就业结构来反映整体的产业结构水平，都是片面的度量，因为它只说明了这一个产业的发展情况，而不能代表整体产业结构水平。

因此，确立全面反映产业结构的综合指数，对于提高经验分析的科学性更有必要、更有意义。周昌林和魏建良（2007）以专业化和分工为依据，构建出了一个产业结构水平H指数，背后的经济思想是：分工与专业化是产业结构演进的决定因素；而劳动生产率提高是分工与专业化的必然结果，是分工与专业化水平的集中体现，因此也是产业结构水平的集中体现。

① 国外对产业结构的测度，主要是通过建立库兹涅茨、钱纳里等所提出的“标准结构”，从国家层面进行实证研究，或者将某一个产业结构设定为参照系，然后对其他产业结构进行评价。

假设在一个产业系统中，有 $n$ 个产业部门，第 $i$ 个部门在整个产业系统总产出中所占的比重用 $k_i$ 表示，第 $i$ 个产业部门的劳动生产率用 $h_i$ 衡量。如果第 $i$ 个产业部门的产值为 $p_i$、从业人员数为 $l_i$，则该产业部门的劳动生产率为 $p_i/l_i$。由于实证研究中各个产业的劳动生产率存在巨大差异，故在不对曲线变化趋势产生本质影响的前提下，可以对劳动生产率加以开方处理，以提高水平变化的敏感性，即用劳动生产率来表示的第 $i$ 个产业的产业结构水平系数为 $h_i = \sqrt{p_i/l_i}$。对于整个经济体来说，产业结构的优化不只体现在产业内部的结构升级方面，同时也会体现在各产业间的产值和就业结构的变迁方面，故需将一、二、三次产业结构的水平系数 $h_1$、$h_2$、$h_3$ 用产值比重进行加权，以获得三次产业总体结构水平指数 $H$。也就是说，最终总的产业结构水平 H 指数为：

$$H = \sum_{i=1}^{n} k_i \times h_i = \sum_{i=1}^{n} k_i \times \sqrt{\frac{p_i}{l_i}} \quad i = 1,2,3,\cdots,n \tag{5.11}$$

由此可知，某个产业的劳动生产率越高、产出占比越大，说明该产业在产业结构水平形成中所发挥的作用越大；H 值越大，说明产业结构水平就越高。H 指数的设定，避免了主观设定权数，不仅仅将产业产值占 GDP 的比重纳入指数，而且考虑了分工与专业化对产业结构演进的作用，充分重视了劳动生产率的变化对产业结构的影响。

根据上述方法，我们首先利用各省和全国的产业数据，计算出我国 1993—2012 年期间 29 个省、市、自治区以及全国范围的产业结构水平 H 指数，结果分别如图 5－2 和表 5－2 所示，从中可以得出以下三点结论：

一是 1993—2012 年我国产业结构总体水平得到了很大程度的提高和优化。从全国来看，产业结构水平 H 指数呈现出明显的逐年递增状态，1993—2012 年从 0.88 增加到 2.88，增长了 3.27 倍。从各省、市、自治区来看，发展最快的内蒙古增长了 5.89 倍，即使发展最慢的云南也增长了 2.60 倍。2005 年以来，全国和各省的产业结构水平提升速度明显加快，说明了近些年来我国在促进产业结构调整方面取得了一定的成效。

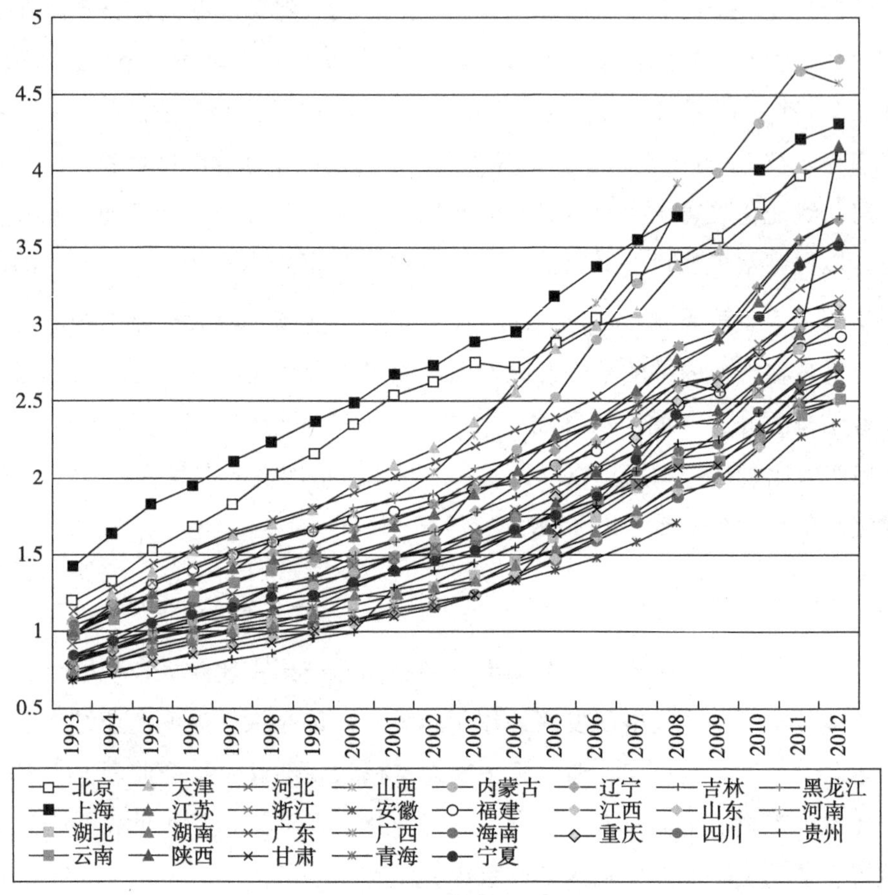


**图 5－2　1993—2012 年我国 29 个省、市、自治区的产业结构 H 指数**

**表 5－2　1993—2012 年我国整体产业结构 H 指数**

| 年度 | H 值 | 年度 | H 值 |
|---|---|---|---|
| 1993 | 0. 88 | 2003 | 1. 66 |
| 1994 | 1. 01 | 2004 | 1. 76 |
| 1995 | 1. 11 | 2005 | 1. 88 |
| 1996 | 1. 19 | 2006 | 2. 00 |
| 1997 | 1. 25 | 2007 | 2. 18 |
| 1998 | 1. 28 | 2008 | 2. 35 |
| 1999 | 1. 33 | 2009 | 2. 42 |

续表

| 年度 | H值 | 年度 | H值 |
| --- | --- | --- | --- |
| 2000 | 1.41 | 2010 | 2.60 |
| 2001 | 1.48 | 2011 | 2.78 |
| 2002 | 1.56 | 2012 | 2.88 |

二是产业结构的区域发展水平很不平衡。虽然各省、市、自治区的产业结构都在改善，但是与区域经济总体发展态势相似，基本呈现出东部地区产业结构升级较快、西部地区相对较慢的态势。上海、北京、天津、广东等经济发达地区的产业结构水平普遍优于中西部地区，其中上海从1993年的1.426增长为2012年的4.315，年增长率高达10.7%；山西、内蒙古等地区产业结构水平在2000年后提升较快；产业结构水平提升较慢的主要是云南、海南。

三是产业结构水平的区域差异正在扩大。从图5－2可以看到，自1993年以来，各省、市、自治区的H指数从相对集中走向相对分散。东部地区与中西部地区的差距也在进一步扩大。1993—2012年，产业结构水平最高与最低指数之间的绝对差异从0.7扩大到2.4。

上述H指数主要是从结构升级的角度，动态地反映了产业结构变动情况及其问题。另外，如果从产业结构协调的角度分析，当前我国产业结构还存在以下主要问题：一是三次产业结构不协调。各产业产值比重结构不合理，且产值结构与就业结构不协调。二是各产业发展不均衡，缺乏自我调整优化机制。农业的基础地位仍然薄弱；工业大而不强，重化工业比重过大，产能过剩问题突出，工业产品附加值偏低，技术创新能力不足；服务发展不足，内部结构不合理，带有公共服务性质的消费性服务业发展不足，而直接提升产品增加值的生产性服务比重也比较低。三是产业结构区域趋同性显著。产业结构区域分工不明，与资源分布不相协调，各地产业结构相似度较高。四是资源、能源和环境问题比较突出。工业重化工化带来的结果是资源和能源消耗大，污染排放强度大。

### 5.3.2 财政收支总量的政策效应

将 H 指数作为被解释变量，选择财政收入和财政支出总量指标等作为解释变量，在基准模型（5.10）的基础上构建如下面板数据回归模型：

$$\ln H_{i,t} = \beta_0 + \beta_1 \ln sr_{i,t-1} + \beta_2 (\ln sr_{i,t-1})^2 + \beta_3 \ln rk_{i,t} + \beta_4 (\ln rk_{i,t})^2 + \beta_5 czsr_{i,t} + \beta_6 czzc_{i,t} + \beta_7 fdi_{i,t} + \beta_8 gdzctz_{i,t-1} + \beta_9 dkye_{i,t-1} + \beta_{10} \ln zxs_{i,t-1} + \varepsilon_{i,t} \quad (5.12)$$

其中，财政政策变量分别为：*czsr* 是各省的地方公共财政预算收入占 GDP 的比重；*czzc* 是各省的地方公共财政预算支出占 GDP 的比重。控制变量分别为：*sr* 为各省的居民人均收入，使用的是城镇居民家庭人均可支配收入与农村居民家庭人均纯收入的均值，主要表示市场需求的发展水平；*rk* 是各省的年底总人口；*fdi* 是各省的实际利用外商直接投资额占本省 GDP 的比重，在这里代表的是各省对外经济开放度；*gdzctz* 是各省的全社会固定资产投资占 GDP 的比重，即为各省的投资率，它可以用来表示物质资本深化程度；*dkye* 是各省的金融机构贷款余额占 GDP 的比重，用以表示货币政策状态；*zxs* 是各省的每万人口中在校大学生数，表示人力资本发展水平。下标 $i$ 和 $t$ 分别代表第 $i$ 个省份和第 $t$ 年，$\beta_0$ 为常数项，$\beta_1$ 、$\beta_2$ 等为待估的系数，$\varepsilon$ 为随机扰动项。为了解决变量之间的内生性问题，这里居民人均收入 *sr*、全社会固定资产投资 *gdzctz*、金融机构贷款余额 *dkye*、每万人口中在校大学生 *zxs* 分别滞后一期。另外，对 H 指数、人均收入变量 *sr*、人口变量 *rk*、在校生人数变量 *zxs* 等取对数值。

**表 5－3　我国财政政策调整产业结构的总量效应估计结果**

| 解释变量 | 方程 1 | 方程 2 | 方程 3 |
|---|---|---|---|
| Lnsr（－1） | 4.35*** | 3.73*** | 4.08*** |
| | (11.91) | (11.75) | (10.67) |
| $Lnsr^2$（－1） | －0.22*** | －0.19*** | －0.21*** |
| | (－10.16) | (－9.83) | (－9.02) |
| Lnrk | 0.19 | 0.06 | －0.01 |
| | (0.50) | (0.15) | (－0.01) |

**续表**

| 解释变量 | 方程 1 | 方程 2 | 方程 3 |
| --- | --- | --- | --- |
| $Lnrk^2$ | -0.01<br>(-0.57) | -0.01<br>(-0.19) | -0.00<br>(-0.04) |
| czsr | 0.69 * *<br>(2.71) | | 0.42<br>(1.52) |
| czzc | | 0.40 * * *<br>(3.33) | 0.31 * *<br>(2.31) |
| fdi | -1.35 * * *<br>(-6.68) | -1.19 * * *<br>(-6.11) | -1.27 * * *<br>(-6.23) |
| gdzctz（-1） | 0.09 *<br>(2.00) | 0.07<br>(1.65) | 0.07<br>(-1.57) |
| dkye（-1） | 0.06 * * *<br>(2.88) | 0.05 * *<br>(2.49) | 0.05 * *<br>(2.55) |
| Lnzxs（-1） | 0.03 * *<br>(1.99) | 0.03 * *<br>(2.35) | 0.03 *<br>(1.87) |
| 常数项 | -20.64 * * *<br>(-10.27) | -17.63 * * *<br>(-8.75) | -18.82 * * *<br>(-8.72) |
| 调整的 $R^2$ 或组内 $R^2$ | 0.956 | 0.957 | 0.957 |

注：1. 小括号内数据为 z 统计量。* * * 为 0.01 水平下显著，* * 为 0.05 水平下显著，* 为 0.1 水平下显著。2. "$lnsr^2$" 表示 lnsr 的平方项，$lnrk^2$ 表示 lnrk 的平方项。

在实际的估计过程中，财政政策总量指标变量先后以三种方式引入：方程 1 中只引入财政收入总量指标变量；方程 2 中只引入财政支出总量指标变量；方程 3 中同时引入公共支出 *czzc* 和公共收入 *czsr*，这样可以在控制其中一个财政政策变量的影响之后获得另一个财政政策变量的直接影响。分别使用 Stata11 软件进行混合回归以及固定效应、随机效应模型的检验，结果显示最终应选择随机效应模型。面板数据回归估计结果如表 5-3 所示。三个方程中主要控制变量的系数符号和大小没有发生明显的变化，这说明模型的估计结果是稳健的。从估计结果来看，可以得出以下三点结论：

一是财政收入和财政支出的总量水平均能够对当期的产业结构发展水平产生统计上显著的正效应。在方程 1 中，财政收入占 GDP 的比重增加

1%，产业结构 H 指数就会增加 0.69%。在方程 2 中，财政支出占 GDP 的比重增加 1%，产业结构 H 指数就会增加 0.40%。这表明，1993—2012 年我国财政政策的实施对产业结构的优化升级产生了积极的影响，且财政收入政策的总量效应大于财政支出政策。

二是对于调整产业结构，财政支出总量政策的直接影响显著，而财政收入总量政策的直接影响不显著。方程 3 同时引入了财政收入和财政支出总量指标变量，可以比较财政收支两个政策的直接影响。虽然两个政策变量的系数符号没有发生变化，但系数值都减小了，分别减小到 0.42 和 0.31，且财政收入的系数变得在统计上不显著。这个结果表明，财政收入总量政策主要是通过影响财政支出总量而间接影响产业结构，税收政策的直接影响不显著，而财政支出总量政策对产业结构调整的影响比较直接。

三是从控制变量的估计结果来看，需求变动、物质资本和人力资本深化和货币政策等变量对产业结构调整具有显著的正效应，市场规模大小产生的效应不显著，外商直接投资规模具有显著的负效应。这一结果表明，需求变动和资本深化是我国产业结构调整的重要内生驱动力量。各省、市、自治区贷款余额占 GDP 的比重，在三个方程中具有稳定的显著正效应，显示我国货币政策可以在产业结构调整中发挥积极作用，因而促进财政政策与货币政策的协调配合，有利于最大程度地发挥经济政策在调节产业结构方面的作用。造成外商直接投资负效应的原因，一方面可能是因为它存在较长的滞后效应，另一方面也可能是因为各省、市、自治区引进的外商直接投资主要投入到制造业，从而对产业结构的优化升级没有发挥积极作用。

### 5.3.3 财政收支总量政策的区域效应

现在，把 29 个省、市、自治区按照东、中、西三区域划分法分为三组①，用以考察和比较财政政策调整产业结构的区域效应。对于每个地区，

① 参照《中国统计年鉴(2014)》的划分，将北京、天津、河北、辽宁、上海、江苏、浙江、福建、山东、广东、海南划归东部地区，将山西、吉林、黑龙江、安徽、江西、河南、湖北、湖南划归中部地区，内蒙古、广西、重庆、四川、贵州、云南、陕西、甘肃、青海、宁夏则划归为西部地区。

按照上述做法，分别估计方程1、方程2和方程3。为了便于政策效应的区域比较，表5-4只给出了每个随机效应模型的财政政策变量系数。

**表5-4　我国财政政策调整产业结构的地区效应估计结果**

| 估计模型 | 财政收入 | 财政支出 |
|---|---|---|
| 东部地区 | | |
| 方程1' | 0.84**<br>(2.13) | |
| 方程2' | | 1.15***<br>(5.68) |
| 方程3' | -0.56<br>(-1.26) | 1.37***<br>(5.67) |
| 中部地区 | | |
| 方程1' | 1.25<br>(1.05) | |
| 方程2' | | -0.59<br>(-0.65) |
| 方程3' | 2.10<br>(1.55) | -1.35<br>(-1.31) |
| 西部地区 | | |
| 方程1' | 0.69**<br>(1.61) | |
| 方程2' | | 0.25<br>(1.49) |
| 方程3' | 0.51<br>(1.08) | 0.16<br>(0.89) |

注：小括号内数据为z统计量。***为0.01水平下显著，**为0.05水平下显著，*为0.1水平下显著。

结果显示：财政收支总量政策对于不同区域的产业结构变动具有不同的影响，在东部地区具有最大的正效应，而在中西部地区的影响不够显著。

在东部地区，财政收支政策都对产业结构具有显著的正效应，但财政收入政策的直接影响是不显著的负效应，财政支出政策的直接影响是显著的较大的正效应。这意味着：以增支减税为特征的扩张性财政政策，有利于东部地区产业结构调整。

在中部地区，财政收入政策对产业结构具有不显著的正效应，且其直接影响也是不显著的正效应；财政支出政策对产业结构具有不显著的负效应，且其直接影响也是不显著的负效应。这意味着：以增税减支为特征的紧缩性财政政策，有利于中部地区产业结构调整。

在西部地区，财政收入政策对产业结构具有显著的正效应，其直接影响也是正的，但统计上不显著；财政支出政策对产业结构具有不显著的正效应，且其直接效应也是不显著的正效应。这意味着：以增税为融资手段的扩张性财政支出政策，有利于西部地区产业结构调整，但具体效果在统计上是不显著的。

### 5.3.4 财政收支结构的政策效应

就调整产业结构的目的而言，财政政策的结构机制更为基础和重要。为进一步考察我国财政收支结构政策的效应，这里把基准模型（5.10）拓展为：

$$\ln H_{i,t}=\beta_0+\beta_1\ln sr_{i,t-1}+\beta_2(\ln sr_{i,t-1})^2+\beta_3\ln rk_{i,t}+\beta_4(\ln rk_{i,t})^2+\beta_5 zzs_{i,t}+\beta_6 yys_{i,t}+\beta_7 qysds_{i,t}+\beta_8 grsds_{i,t}+\beta_9 ggfw_{i,t}+\beta_{10} wjkw_{i,t}+\beta_{11} sb_{i,t}+\beta_{12} nyzc_{i,t}+\beta_{13} fdi_{i,t}+\beta_{14} gdzctz_{i,t-1}+\beta_{15} dkye_{i,t-1}+\beta_{16}\ln zxs_{i,t-1}+\beta_{17} czzc_{i,t}+\beta_{18} czsr_{i,t}+\varepsilon_{i,t} \tag{5.13}$$

其中：*zzs*、*yys*、*qysds*、*grsds* 分别为各省的增值税、营业税、企业所得税、个人所得税占本省财政收入总量的比重；*ggfw*、*wjkw*、*sb*、*nyzc* 分别为各省一般公共服务支出、文教科卫财政支出、社会保障财政支出、农业财政支出占本省财政支出总量的比重；其余变量如前述模型相同。表 5 - 5 给出了面板数据随机效应模型估计结果，方程 4 到方程 8 中分别引入了相关的财政政策总量指标和结构指标。主要控制变量和结构变量的系数符号、大小和显著性在五个模型中保持了相对的一致性，可以认为结果是稳健的。从结果来看，可以得到以下两点结论：

**表 5－5　我国财政政策调整产业结构的结构效应估计结果**

| 解释变量 | 方程 4 | 方程 5 | 方程 6 | 方程 7 | 方程 8 |
|---|---|---|---|---|---|
| Lnsr（－1） | 3. 19*** <br> (8. 19) | 3. 25*** <br> (7. 59) | 3. 31*** <br> (7. 83) | 3. 04*** <br> (7. 03) | 3. 23*** <br> (7. 20) |
| $Lnsr^2$（－1） | －0. 15*** <br> (－6. 58) | －0. 16*** <br> (－6. 22) | －0. 16*** <br> (－6. 64) | －0. 14*** <br> (－5. 45) | －0. 15*** <br> (－5. 68) |
| Lnrk | 0. 74** <br> (1. 98) | －0. 44 <br> (－0. 95) | 0. 66* <br> (1. 69) | 0. 78** <br> (2. 20) | 0. 67* <br> (1. 91) |
| $Lnrk^2$ | －0. 05** <br> (－2. 17) | －0. 03 <br> (－1. 01) | －0. 05* <br> (－1. 88) | －0. 06** <br> (－2. 43) | －0. 05** <br> (－2. 12) |
| zzs | 0. 00 <br> (0. 82) | | 0. 00 <br> (1. 16) | 0. 00 <br> (1. 15) | 0. 00 <br> (1. 38) |
| yys | －0. 0001** <br> (－2. 55) | | －0. 0001*** <br> (－2. 68) | －0. 0002*** <br> (－3. 66) | －0. 0001*** <br> (－2. 90) |
| qysds | 0. 00 <br> (0. 49) | | 0. 00 <br> (1. 28) | 0. 0001* <br> (1. 69) | 0. 00 <br> (1. 25) |
| grsds | 0. 0001** <br> (2. 41) | | 0. 00 <br> (1. 38) | 0. 00 <br> (0. 88) | 0. 00 <br> (1. 26) |
| ggfw | | 0. 08 <br> (0. 50) | －0. 04 <br> (－0. 35) | －0. 03 <br> (－0. 23) | －0. 08 <br> (－0. 58) |
| wjkw | | －0. 04 <br> (－0. 19) | －0. 07 <br> (－0. 34) | －0. 10 <br> (－0. 54) | －0. 07 <br> (－0. 41) |
| sb | | －0. 14 <br> (－0. 91) | －0. 07 <br> (－0. 53) | －0. 05 <br> (－0. 41) | －0. 02 <br> (－0. 17) |
| nyzc | | －0. 42** <br> (－2. 21) | －0. 07 <br> (－0. 35) | －0. 11 <br> (－0. 64) | －0. 05 <br> (－0. 30) |
| czzc | | 0. 40*** <br> (2. 67) | | 0. 08 <br> (0. 61) | －0. 03 <br> (－0. 20) |
| czsr | 1. 19*** <br> (2. 98) | | 0. 81* <br> (1. 88) | | 0. 84* <br> (1. 73) |

续表

| 解释变量 | 方程4 | 方程5 | 方程6 | 方程7 | 方程8 |
|---|---|---|---|---|---|
| fdi | -1.16*** | -1.29*** | -1.19*** | -1.05*** | -1.17*** |
| | (-4.73) | (-4.50) | (-4.71) | (-4.26) | (-4.57) |
| gdzctz (-1) | 0.24*** | 0.21*** | 0.23*** | 0.23*** | 0.23*** |
| | (5.62) | (4.53) | (5.07) | (5.04) | (5.22) |
| dkye (-1) | -0.01 | 0.03 | -0.01 | 0.00 | -0.01 |
| | (-0.67) | (1.48) | (-0.35) | (0.12) | (-0.36) |
| Lnzxs (-1) | -0.002 | 0.009 | -0.01 | -0.01 | -0.01 |
| | (-0.15) | (0.52) | (-0.74) | (-0.62) | (-0.56) |
| 常数项 | -17.70*** | -16.99*** | -17.92*** | -17.33*** | -17.61*** |
| | (-9.01) | (-6.97) | (-8.33) | (-7.87) | (-8.02) |
| 调整的 $R^2$ 或组内 $R^2$ | 0.967 | 0.957 | 0.967 | 0.967 | 0.967 |

注：1. 小括号内数据为 t 或 z 统计量。***为0.01水平下显著，**为0.05水平下显著，*为0.1水平下显著。2. “$lnsr^2$”表示 lnsr 的平方项，$lnrk^2$ 表示 lnrk 的平方项。

一是财政收入结构政策对当期产业结构具有显著的影响。方程4表明，在控制住财政收入总量效应后，增加营业税在财政收入中的比重，对产业结构产生较小的负效应，且在统计上是显著的。这主要是因为营业税主要面向服务业征收，不利于第三产业的发展。增加个人所得税在财政收入中的比重，对产业结构将产生非常小的正效应，这主要是因为个人所得税在调节个人收入分配中具有一定的效果。然而，变动增值税在财政收入中的比重，对当期产业结构几乎不产生直接影响，这可能与增值税具有中性税收的特征有关，而且增值税对产业结构的影响可能是长期的。变动企业所得税的比重，对当期产业结构也几乎不产生直接影响。

二是财政支出结构政策对当期产业结构的影响不显著。虽然在方程5中，农业财政支出的比重具有显著的负效应①，但是在其他方程中，影响

① 这可能是因为：增大农业财政支出比重对于发展第一产业是有利的，但对整个产业结构的高度化是不利的。

都是不显著的，因而可以认为农业财政支出比重具有不显著的负效应；变动一般公共服务支出的比重对产业结构的影响，在方程 5 中具有不显著的正效应，而在其他方程中具有不显著的负效应；文教科卫财政支出和社会保障财政支出，对产业结构的影响也都是不显著的。

需要注意的是，这里得出财政支出结构政策对产业结构的影响不显著的结论，可能是由于这里估计的只是财政支出结构变量的当期效应，有可能支出结构存在滞后性的效应，这个推测是否准确，需要考察财政支出结构的长期效应。

### 5.3.5　财政收支政策的长期效应

考虑到省际面板数据中有些财政支出项目数据不可得，因此这里的长期效应分析将基于全国时间序列数据进行，并把计量模型设定为：

$$\ln H_t = \beta_0 + \beta_1 \ln H_{t-4} + \beta_2 czsr_{t-3} + \beta_3 czzc_{t-3} + \beta_4 zzs_{t-3} + \beta_5 xfs_{t-3} + \beta_6 yys_{t-3} + \beta_7 qysds_{t-3} + \beta_8 grsds_{t-3} + \beta_9 gs_{t-3} + \beta_{10} cztz_{t-3} + \beta_{11} kjzc_{t-3} + \beta_{12} jyzc_{t-3} + \beta_{13} wszc_{t-3} + \beta_{14} nyzc_{t-3} + \varepsilon_t \tag{5.14}$$

其中：*xfs* 为消费税占财政收入比重；*gs* 为关税占财政收入比重；*cztz* 为财政投资支出（数据为全社会固定资产投资中来自国家预算部分）占财政支出的比重；*kjzc* 为财政科技支出占财政支出的比重；*jyzc* 为财政教育支出占财政支出的比重；*wszc* 为财政卫生支出占财政支出的比重；其余变量的含义与前述模型相同。这里由于考虑财政政策的长期效应，所以政策变量取滞后 3 期，即假设财政政策对产业结构的长期影响是 3 年。与前述面板数据回归模型不同，这里控制变量选择的是滞后 4 年的 H 指数，这样可以减弱回归方程的序列相关性。样本数据期限仍为 1993—2012 年。在实际估计中，各种政策变量是根据需要相应引入的，估计结果如表 5－6 所示，由此可以得出以下几点结论：

一是财政收支总量政策对长期产业结构调整具有显著的正效应。由方程 9 和方程 10 的估计结果可知，财政收入占 GDP 的比重增加 1%，三年后产业结构 H 指数将增加 4.38%，财政支出占 GDP 的比重增加 1%，三年后产业结构 H 指数将增加 2. 15%。由其他方程结果可以看到，这个结论即使在计量模型中引入其他结构性变量也是稳健的。方程 11 和方程 12 分别加入财政收入和支出的结构变量后，它们的影响系数分别增加到 5. 06% 和 3. 85%。这些影响系数，都是在 0. 05 水平上统计显著的。

**表 5－6　我国财政政策调整产业结构的长期效应**

| 解释变量 | 方程 9 | 方程 10 | 方程 11 | 方程 12 | 方程 13 | 方程 14 |
|---|---|---|---|---|---|---|
| cons | －0. 21 * * *<br>（－3. 03） | －0. 02<br>（－0. 15） | －1. 37 * * *<br>（－3. 78） | －0. 05<br>（－0. 61） | －0. 16<br>（－0. 26） | 0. 12<br>（0. 21） |
| lnH(－4) | 0. 45 * * *<br>（5. 16） | 0. 74 * * *<br>（6. 54） | 0. 69 * * *<br>（6. 78） | 0. 63 * * *<br>（6. 64） | 0. 74 * * *<br>（5. 97） | 0. 61 * * *<br>（5. 01） |
| czsr(－3) | 4. 38 * * *<br>（6. 45） | | 5. 06 * * *<br>（6. 33） | | | |
| czzc(－3) | | 2. 15 * *<br>（2. 47） | | 3. 85 * * *<br>（4. 46） | 2. 14<br>（1. 28） | 3. 28 *<br>（2. 15） |
| zzs(－3) | | | 1. 35 * * *<br>（5. 07） | | | |
| xfs(－3) | | | 1. 25 * * *<br>（2. 34） | | | |
| yys(－3) | | | 1. 90<br>（1. 29） | | | |
| qysds(－3) | | | －0. 18<br>（－0. 508） | | | |
| grsds(－3) | | | 1. 73 *<br>（2. 30） | | | |
| gs(－3) | | | 2. 26<br>（1. 82） | | | |
| cztz(－3) | | | | －1. 73 * * *<br>（－3. 13） | | －1. 69 *<br>（－2. 07） |
| kjzc(－3) | | | | | 8. 62<br>（1. 63） | 3. 39<br>（0. 65） |
| jyzc(－3) | | | | | －1. 18<br>（－0. 41） | －2. 12<br>（－0. 86） |

续表

| 解释变量 | 方程9 | 方程10 | 方程11 | 方程12 | 方程13 | 方程14 |
|---|---|---|---|---|---|---|
| wszc(-3) | | | | | 2.88<br>(0.62) | 3.78<br>(0.95) |
| nyzc(-3) | | | | | -1.74<br>(-1.03) | -0.39<br>(-0.24) |
| 调整后的 $R^2$ | 0.99 | 0.98 | 0.99 | | 0.98 | 0.98 |
| DW | 0.98 | 0.60 | 2.85 | | 1.57 | 1.61 |

注：小括号内数据为t统计量。＊＊＊为0.01水平下显著，＊＊为0.05水平下显著，＊为0.1水平下显著。

二是财政收入结构政策对长期产业结构调整具有显著的直接效应。根据方程11的估计结果，在控制住财政收入的总量效应后，改变增值税、消费税和个人所得税在财政收入中的比重，对长期产业结构调整具有显著的正效应；但是，改变营业税、企业所得税和关税的比重，对长期产业结构的影响不够显著。这个结论与5.3.4节中有所不同，在那里营业税比重的变化对当期产业结构调整具有影响力①。

三是财政支出结构政策对长期产业结构调整没有显著的直接效应。方程12至方程14的估计结果均表明，在控制住财政支出总量变量后，财政支出结构的变动对长期产业结构调整没有显著的直接影响。方程13显示，引入财政支出结构变量后，财政支出总量的系数也变得不显著。方程12和方程14还表明，增加财政投资支出的比重，对长期产业结构调整具有显著的负效应。这个结果意味着，长期以来我国财政投资政策对长期产业结构调整起到了阻碍作用，这可能与我国财政投资重点一直集中在“铁公基”领域有关，在有些领域甚至造成了重复建设和产能过剩。

① 综合两个估计结果，可以认为：改变个人所得税比重对长短期产业结构调整都具有显著的直接影响；改变增值税比重对产业结构调整具有直接的长期效应，但短期效应不显著；改变消费税比重对产业结构调整具有直接的长期效应；营业税比重的变化对产业结构调整具有直接的短期效应，但没有显著的直接长期效应；企业所得税比重的变化，没有显著的长期和短期直接效应。

## 5.4 财税政策与我国高新技术产业发展

高新技术产业是知识密集型和技术密集型产业①，日益成为推动经济发展、促进产业结构升级的主要力量。但是，由于高新技术具有准公共品特征、高新技术产品具有较强的正外部性、高新技术投资具有收益不确定性，因而高新技术产业发展完全依靠市场机制，就会出现一定程度上的市场失灵，需要政府介入以弥补市场供给的不足。在我国，高新技术产业目前正处于成长期，财税政策对于高新技术产业发展具有重要的推动效应和导向意义。

### 5.4.1 高新技术产业发展与产业结构升级

高新技术产业主要通过对传统产业的带动作用和高新技术的溢出作用，实现对产业结构的调整与优化②。具体来说，有三种作用方式：一是后向效应，即高新技术产业在快速发展时，根据其技术特点会对各种要素产生新的投入要求，从而刺激这些投入品及其所处行业的发展；二是旁侧效应，即高新技术产业的发展会引起它周围的一系列变化，例如基础设施建设、金融和商业制度建设、其他服务业的发展等，而且高新技术还可以通过多种方式向其他行业溢出；三是前向效应，即高新技术产业发展能够创造新的产业活动基础，例如通过削减其他产业部门的投入成本，从而吸引企业进一步开发新技术和新产品。Hauknes et al（2009）以 OECD 国家为样本研究发现，高新技术产业向低技术产业的知识流动及其带来的溢出效应是存在的，而且溢出效应促进了低技术行业的产出增长。赵玉林和张

---

① 2002 年，国家统计局《高技术产业统计分类目录》把核燃料加工、信息化学品制造业、医药制造业、航空航天器制造业、电子及通信设备制造业、电子计算机及办公设备制造业、医疗设备及仪器仪表制造业、公共软件服务业等 8 个大类 58 个小类确定为高技术产业。2008 年科技部等部门印发《国家重点支持的高新技术领域》，确定了我国重点支持的高新技术领域包括：电子信息技术、生物与新医药技术、航空航天技术、新材料技术、高技术服务业、新能源及节能技术、资源与环境技术、高新技术改造传统产业。

② 高新技术产业与传统产业的根本区别，在于其引入了技术创新，获得了与高新技术相关联的新生产函数，且其效果超出了产业本身，对其他行业乃至整个经济的增长具有重要和广泛的影响。

钟芳（2008）的实证分析也表明，我国 1995—2005 年的高新技术产业发展，对工业内部技术结构、劳动结构、资本结构等的优化升级作用较为明显①。

### 5.4.2 促进高新技术产业发展的作用机制

高新技术产业的发展，需要政府财税政策的激励。财税激励可以分为财政激励和税收优惠两种，其中：财政激励主要包括政府补贴、政府设立专项技术投资基金与鼓励金融机构加大贷款等事前激励措施，以及政府采购或政府组织引导其他企业采购等事后激励措施；税收优惠主要包括税收减免、税率优惠、加速折旧、投资抵免等措施。

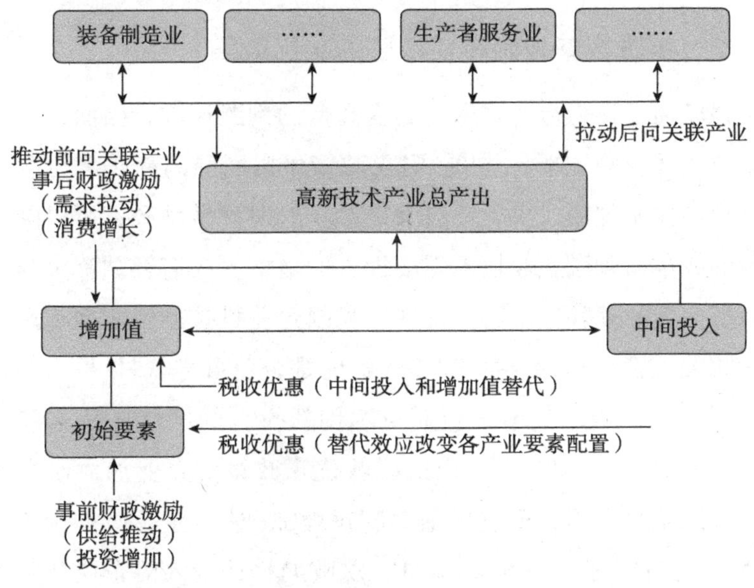


**图 5－3　高新技术产业发展的财税激励机制**

资料来源：张同斌和高铁梅（2012）。

一般认为，财税激励措施可以促进高新技术产业的投资和产品消费，

① 该文还表明：高新技术产业增加值每增加 1 个百分点，制造业增加值占产品销售收入就会增加 0.45 个百分点，全员工业劳动生产率增加 0.79 个百分点，工业成本费用利润率增加 0.41 个百分点，单位工业增加值固体废弃物产生量减少 0.12 个百分点。

进而推动该行业发展，实现调整产业结构的目标。其作用机制可以用图5－3来说明。事前与事后财政激励主要通过对高新技术产业的投资和消费增加拉动其产出增长；税收优惠政策通过改变高新技术产业中间投入和增加值的相对价格，使得市场中的创新要素向高新技术产业流动，扩大高新技术产业的投资规模，进而促进高新技术产业发展。高新技术产业发展，一方面通过前向效应和后向效应，推动前向关联产业发展，拉动后向关联产业发展；另一方面，通过技术溢出效应，提高其他行业的技术进步和生产效率。由此可见，财税激励政策促进了高新技术产业的发展，使得技术落后的产业将被更新换代，产品或服务升级，整个产业结构经过一系列的动态调整最终实现升级。

### 5.4.3 促进高新技术产业发展的实际效果

研发强度通常作为行业技术密集度高低的判断标准，因而研发强度高也是高新技术产业的主要标志①。财税政策可以引导高新技术企业增加研发强度并提高技术创新成果。一般来讲，政府财税激励政策可以降低企业技术创新的成本，刺激企业技术创新投入的增加，政府补贴资金与企业研发投入具有一定的互补性。研究发现：我国企业科技创新基金与企业新增投资成正相关，且政府对企业的 R&D 资助是企业自身 R&D 投入的重要原因；这说明了政府资助刺激了企业技术创新投入的增加（胡永健和周寄中，2008；廖信林等，2013）；政府税收优惠政策对企业加大研发投资有着显著的正向激励作用，税收优惠力度每增加 1%，企业研发投资就会增加 0.21%（冯海红等，2015）；而且，财政的科技投入对企业技术创新成果起到了较大的支持促进作用。宋凤轩和李林（2013）利用我国 1993—2011 年的统计数据研究发现：政府财政科技投入对专利授权数量的发展的第二期影响开始为 0.46%，随着滞后期的变长影响逐渐变大，最高为 19% 左右。

---

① 我国参照 OECD 国家的做法，通常将技术密集度达到制造业平均水平 2～3 倍的产业界定为高新技术产业。

财税政策还可以直接促进高新技术产业的产出增长。政府补贴和税收优惠，都可以从供给侧通过提高边际收益、降低边际成本，促进高新技术企业的投资增加；同时，也都可以从需求侧通过降低产品成本和销售价格，促进高新技术产品需求增加。而且，政府对高新技术产品的采购，更是直接拉动了产品需求。这些都有利于高新技术产业的发展。张同斌和高铁梅（2012）通过构建高新技术产业可计算一般均衡（CGE）模型，对我国财税政策激励下高新技术产业发展进行了政策模拟。结果表明：当政府补贴幅度增加10%时，高新技术产业增加值将增加2.64个百分点，高新技术产业增加值占GDP比重提高0.09个百分点；当增值税优惠幅度增加10%时，高新技术产业增加值将增加0.42个百分点，高新技术产业增加值占GDP比重将提高0.01个百分点。

绝大部分学者认为税收激励比财政直接投资更为有效。这是因为政府直接投资有可能替代原本该由私人进行的研发投资，从而对企业创新投入产生一定的挤出效应；而税收优惠政策是一种调节企业技术创新的市场机制，有助于降低企业的研发成本。因而，发达国家普遍将研发税收优惠政策作为引导企业加大研发投资、推动企业创新能力提升的重要手段。我国的实证分析似乎也证实了这个结论。朱平芳和徐伟民（2003）依据上海市1994—2001年的行业数据研究发现，在政府补贴和税收优惠激励幅度同为10%的情况下，高新技术产业的增加值率（即产业增加值占总产出的比重）分别提高0.06和0.29个百分点。吴锦明（2015）基于创业板2006—2013年356家从事高新技术产业的企业数据，运用面板数据模型分别考察了政府补贴与税收优惠两种财政工具对企业的R&D投入的影响效应，研究发现：R&D的税收弹性系数为-0.189，而政府补贴弹性参数为0.097。

然而，财税政策促进高新技术产业发展的效果是有条件的。财税政策是政府干预市场的一种工具，其最佳的作用效果主要集中在市场失灵的领域。因此，财税政策对高新技术产业发展的影响效果是非线性的，具有一定的门限效应。赵付民等（2006）研究发现政府直接资助处于中偏低（6%～12%）或高于18%时，对大中型企业R&D投入的杠杆作用非常显著。冯海红等（2015）认为，税收优惠政策力度对企业研发投资的门限效应十分显著，当优惠力度在［3.93%，12.00%］时，政府税收优惠政策的引导作用显著增强，政策力度每增加1%，将会带来企业研发投资1.23%的增幅。但是，廖信林等（2013）发现，在模型回归过程中，政府对企业R&D经费资助的平方项的系数并不显著，这说明中国政府对企业的R&D资助对企业自身的R&D投入不存在“倒U”型曲线的影响轨迹，或者说中国政府对企业R&D资助对企业自身R&D投入的影响距离倒U曲线的拐点还相差甚远，可能是中国政府对企业R&D资助规模仍然太小的缘故。

# 第6章　长期增长效应

经济增长是人们生活水平持续提高的最重要决定因素，是经济发展的主要标志。经济波动与长期经济增长存在明显的负相关关系（Barlevy，2002；Hnatkovska & Loayza，2003），经济结构优化与长期经济增长存在明显的正相关关系（Peneder，2003；Valli & Saccone，2009）。因此，实施财政政策，无论其目标是为了稳定经济波动，还是为了调整经济结构，最终都会对长期经济增长产生影响①。

本章将定量评估1993—2012年我国财政政策的长期增长效应。相对于已有文献，本章不仅评估了财政政策对人均GDP增长、劳动生产率增长和全要素生产率增长的作用效果，还讨论了各财政政策措施影响长期增长的作用渠道。在研究方法上，运用动态面板估计方法，强调了财政政策变量的非线性影响，注重总量分析与结构分析相结合，力图多维度地揭示财政收支总量和结构的长期效应。

本章结构安排如下：6.1节分别在新古典增长理论和内生增长理论两个分析框架内，重点探讨财政政策与长期增长的理论联系；6.2节着重介绍了计量分析模型、估计方法和数据处理等内容；6.3节运用系统GMM估计方法，分别研究了财政政策与人均GDP增长、劳动生产率增长和全要素生产率增长等之间的数量关系；6.4节进一步探讨了财政收支及其结构影

---

① Zagler & Dürnecker(2003)认为，财政政策在本质上是一个短期问题，一般被认为用于缓解产出和就业短期波动的一个政策工具，通过变动政府支出或税收，财政政策改变总需求，使得经济更加接近潜在产出。然而，无论是政府支出政策还是政府税收政策，都具有资源配置职能，使得短期的财政政策可以通过影响总供给而影响经济的长期增长。

响经济长期增长的作用渠道。

## 6.1 财政政策的长期增长促进机制

正如 Romer（1990）所言，在所有关于增长的政策问题中最为基础的就是：是否存在某种政策，它可以被一个社会计划者所采用，用以提高一个经济中所有人的福利。然而，不同的增长理论对包括财政政策在内的宏观经济政策具有不同的意义。

### 6.1.1 新古典增长理论框架

Solow（1956）和 Swan（1956）等在批判 Harrod – Domar 模型固定比例生产技术的基础上①，提出了新古典生产函数，发现在没有外生技术进步的条件下，边际收益递减规律将使得经济趋于一个没有增长的均衡状态。因此，旨在提高储蓄率、促进资本形成的财政政策，在实现长期增长方面没有意义。尽管如此，Arrow & Kurz（1969）把公共资本服务引入了生产函数和效用函数之中，并假设公共资本通过比例收入税来融资，结果发现：稳态经济增长率取决于外生的人口增长率，财政政策虽然对经济长期均衡增长率没有影响，但是对经济的转型动态路径具有实质性影响。

这里援引 Carboni & Medda（2011）模型来说明财政政策与经济增长之间的新古典作用机制。Carboni – Medda 模型背后的思想是，政府所提供的公共服务不是私人生产要素的替代品，且资源不容易从私人部门转移到公共部门；公共部门的服务流量与公共资本存量成正比，都具有生产促进的能力，因而与私人生产要素一起进入私人生产函数之中。所以，政府可以通过改变支出规模和结构而对经济增长产生影响。假设经济中的生产函数

① Harrod – Domar 模型试图把凯恩斯的静态短期理论动态化，强调投资不仅对总需求产生影响，而且还能增加经济的生产能力，因而把经济的增长率与其资本存量联系起来，突出了物质资本积累是驱动经济增长的直接源泉。这个模型强调了政府干预在促进长期均衡增长的重要作用，并对财政政策提出了要求，即：为了促进经济增长，政府应该实施特定的财政政策措施，以提高经济中的私人储蓄率；当私人储蓄率不足时，还可以通过政府预算盈余来填补私人储蓄缺口。

是 Cobb – Douglas 型的：

$$Y = K^{\alpha}(LE)^{1-\alpha-\gamma_1-\gamma_2}K_{G_1}^{\gamma_1}K_{G_2}^{\gamma_2} \tag{6.1}$$

其中：$Y$ 是产出水平，$K$ 是私人资本存量，$L$ 是就业水平，$E$ 是劳动扩大型 Harrod 中性技术，$K_{G_1}$、$K_{G_2}$ 是两种公共资本存量（第一种为传统的核心生产性资本存量；第二种为其他有利于促进厂商有效运行的广义资本存量；两类资本都是私人资本的互补品）。这里所有的弹性系数被限制在0 ~1之间，且满足 $0 < \alpha + \gamma_1 + \gamma_2 < 1$。假设政府采取持久的平衡预算法则，且政府公共支出是通过征收比例收入税来融资的（税率为 $\tau$，$0 < \tau < 1$）：

$$\tau Y = G = G_1 + G_2 \tag{6.2}$$

$$G_1 = \phi G;\ G_2 = (1-\phi)\ G \tag{6.3}$$

式（6.2）和式（6.3）中的 $G_1$、$G_2$ 分别表示政府对两类公共资本的支出，$\varphi$（$0 \leqslant \varphi \leqslant 1$）是核心公共资本占政府总支出的比重。假设政府公共资本和私人资本的折旧率都是 $\delta$（$0 < \delta < 1$），私人储蓄率为 $s$（$0 \leqslant s \leqslant 1$）[①]，那么公共资本和私人资本的积累动态分别为：

$$\dot{K}_{G_1} = \phi G - \delta K_{G_1};\quad \dot{K}_{G_2} = (1-\phi)G - \delta K_{G_2} \tag{6.4}$$

$$\dot{K} = s(1-\tau)Y - \delta K \tag{6.5}$$

且有：

$$\dot{K}_{G_1} + \dot{K}_{G_2} + \delta\ (K_{G_1} + K_{G_2})\ = \tau Y = G \tag{6.6}$$

接下来，对所有变量除以 $LE$ 以获得有效人均量，用相应的小写字母来表示。假设劳动增长率为 $n$，技术进步率为 $\beta$。根据新古典增长模型稳态的标准推导方法，可以分别获得人均有效的私人资本、两类公共资本的稳态值，再代入人均产出增长函数中，最终可得到稳态人均有效产出水平：

$$y^* = \left[\frac{S^{\alpha}(1-\tau)^{\alpha}\tau^{\gamma_1+\gamma_2}\phi^{\gamma_1}(1-\phi)^{\gamma_2}}{\delta + n + \beta}\right]^{\frac{1}{1-\alpha-\gamma_1-\gamma_2}} \tag{6.7}$$

---

① 这里主要是为了分析政府支出促进产出增长的作用，所以没有采用代表性主体最大化效用模型来求解最优储蓄率，而是直接假定储蓄率由外生决定，不影响模型结果。

由式（6.7）可知，稳态的人均有效产出水平取决于模型的深度结构参数（$s,\delta,n,\beta,\alpha,\gamma_1,\gamma_2$）和财政政策变量（$\tau,\varphi$）。在这里，$\tau$ 是比例税率，也是经济中政府规模的度量；$\phi$ 是核心公共资本占政府总支出的比重，也是政府公共支出结构的度量。无论是政府规模，还是公共支出结构，都对稳态的人均有效产出水平产生了非线性影响。

就政府规模 $\tau$ 而言，$(1-\tau)^{\alpha}$ 和 $\tau^{\gamma_1+\gamma_2}$ 同时决定了稳态人均有效产出水平。前者意味着政府规模的负效应，因为政府公共支出挤出了私人生产资源；后者意味着政府规模的正效应，因为政府公共支出直接增加了私人的生产资源。政府规模对于稳态人均有效产出的总效应，就取决于正负效应的大小比较。政府规模的这种非线性影响，意味着经济存在一个最优政府规模，当现有政府规模小于最优规模时，扩大政府公共支出规模就有利于提高稳态产出水平；当现有政府规模大于最优规模时，压缩政府公共支出规模有利于提高稳态产出水平。

就公共支出结构 $\phi$ 而言，$\phi^{\gamma_1}$ 和 $(1-\phi)^{\gamma_2}$ 同时决定了稳态人均有效产出水平。只要 $\gamma_1 \neq \gamma_2$，公共支出结构对稳态人均有效产出水平就会产生非线性影响，政府将财政资源向具有更高弹性的公共资本转移时，可以提高稳态有效人均产出水平，但是由于边际报酬递减规律，这种转移效应也是有边界的。

需要注意的是，在这个新古典模型中，财政政策变量对于经济的均衡增长率没有影响。也就是说，财政政策变量对于长期经济只有水平效应而无增长效应。尽管如此，对当前这个模型的进一步分析将表明，财政政策能够对经济的转移动态路径产生重要影响。这个发现无疑是具有重要意义的，因为新古典增长理论典型的预测到经济向新的均衡状态的转移过程是漫长的（Romer，2006）。

依据新古典增长理论，经济在转移动态中人均有效产出的增长率取决于新的稳态产出水平与当前产出水平的差，即：

$$\frac{\dot{y}}{y}=\rho(\ln y^{*}-\ln y(t)) \tag{6.8}$$

其中，$\rho=(\beta+n+\delta)(1-\alpha-\gamma_1-\gamma_2)$。利用式（6.7）和式（6.8），可以获得经济在 0 到 T 时的转移动态过程中平均增长率：

$$\frac{1}{T}\frac{\dot{y}}{y}=\lambda\left[\begin{array}{c}\frac{\alpha+\gamma_1+\gamma_2}{1-\alpha-\gamma_1-\gamma_2}\ln(\beta+n+\delta)+\frac{\alpha}{1-\alpha-\gamma_1-\gamma_2}\ln s\\ +\frac{\alpha}{1-\alpha-\gamma_1-\gamma_2}\ln(1-\tau)+\frac{\gamma_1+\gamma_2}{1-\alpha-\gamma_1-\gamma_2}\ln\tau\\ \frac{\gamma_1}{1-\alpha-\gamma_1-\gamma_2}ln\phi+\frac{\gamma_2}{1-\alpha-\gamma_1-\gamma_2}\ln(1-\phi)-\ln y(0)\end{array}\right] \tag{6.9}$$

其中：$\lambda=(1-e^{-\rho T})/T$。由（6.9）式可以看到政府规模参数 $\tau$ 和公共支出结构参数 $\phi$ 分别以 $ln\tau$、$ln(1-\tau)$、$ln\phi$、$ln(1-\phi)$ 的形式进入了平均增长率公式之中，这表明财政政策变量对转移动态路径中的平均增长率也产生了非线性影响。如果分别对式（6.9）两边取关于 $\tau$ 和 $\phi$ 的导数并令其等于 0，那么就可以得到最大化转移动态平均增长率的最优 $\tau$ 和 $\phi$ 的值：

$$\tau^*=\frac{\gamma_1+\gamma_2}{\alpha+\gamma_1+\gamma_2}\;;\;\phi^*=\frac{\gamma_1}{\gamma_1+\gamma_2} \tag{6.10}$$

这个结果意味着：使得转移动态平均增长率达到最大的最优政府规模，等于公共资本弹性系数与私人资本和公共资本弹性系数总和之比；最优公共支出结构是，第一种公共资本支出占总支出的比重等于其弹性系数与公共资本弹性系数总和之比。值得指出的是，这两个政策变量最优解也是使得稳态人均有效产出水平最大的最优解。

在新古典增长理论框架中，财政政策对稳态产出水平和转移动态路径都产生了实质性影响；政府规模与公共支出结构对经济增长都具有非线性影响，存在着使稳态产出水平和转移动态平均增长率最大化的最优值。这个结论意味着，政府规模（可用政府公共支出占 GDP 的比重或宏观税负水平来表示）和政府公共支出结构，与经济增长之间具有倒 U 型曲线关系。在最优政府规模以下（或以上），增加政府公共支出总量或者说提高宏观税负水平，有利于（不利于）提高稳态产出水平和转移动态平均增长率；在最优公共支出结构以下（或以上），增加弹性系数较大的公共资本支出，将有利于（不利于）提高稳态产出水平和转移动态平均增长率。

### 6.1.2 内生增长理论框架

以 Romer（1986）、Lucas（1988）等为代表的一批经济学家，自 20 世纪 80 年代开始，在重新思考新古典增长理论的基础上发展了内生增长理论，探讨了经济长期增长的可能前景。内生增长理论强调，经济增长不是外生力量而是经济体系的内部力量作用的产物，探讨了学习效应、知识溢出效应、劳动分工和专业化等克服边际收益递减规律、实现规模报酬递增的内生增长机制，从而在关注物质资本积累的基础上，更加突出地强调了人力资本、技术进步等因素是驱动经济持续增长的主要源泉。

Barro（1990）最早在内生增长理论框架下，探讨了财政政策与长期经济增长之间的关系。在一个包含公共部门的 AK 模型中，Barro（1990）将生产性公共服务的流量引入私人生产函数之中，将消费性公共服务的流量引入消费者效用函数之中，研究发现经济增长与公共支出规模之间具有非线性关系，且增长率随着消费性公共支出的增加而下降，随生产性公共支出的增加先上升后下降。此后，大量的文献从不同的方面扩展和修正了这个模型，从而对公共支出与经济增长的关系进行了深入的考察。例如，Barro & Sala－i－Martin（1992）和 Fisher & Turnovsky（1998）在模型中引入了公共服务的拥挤性特征；Turnovsky（1997，2004）和 Gomez（2004，2008）以存量的形式引入生产性公共服务；Turnovsky（2000）和 Tamai（2008）将劳动的弹性供给引入 Barro（1990）的 AK 模型之中；Turnovsky & Fisher（1995），Devarajan、Swaroop & Zou（1996），Cassou and Lansing（1998），Rivas（2003）和 Irmen & Kuehnel（2008）等，将公共支出区分为生产性支出和非生产性支出，考虑了公共支出的结构性作用。Lucas（1990），Krusell et al（1996），Myles（2000），Zagler & Dürnecker（2003）等讨论了税收政策与经济增长之间的关系。

这里遵循 Devarajan，Swaroop & Zou（1996），在一个内生增长理论框架中，探讨公共支出的规模和结构与经济增长之间的关系。与新古典模型不同的是，这里所关注的是在平衡增长路径上财政政策与经济增长之间的关系。假设政府公共支出可以区分为两类：一类是生产性公共支出，例如基础设施支出、教育支出、卫生支出和研发支出等；另一类是非生产性公共支出，例如国防支出、行政费用支出等。但是，这两类公共支出由于对私人生产都提供了服务，所以都进入了私人生产函数，因而私人生产函数具有三个变量：私人资本存量 $k$、生产性公共支出 $g_1$ 和非生产性公共支出 $g_2$。假设生产函数具有 Cobb – Douglas 形式①：

$$y = k^{\alpha} g_1^{\beta} g_2^{\gamma} \tag{6.11}$$

其中：$\alpha > 0, \beta \geqslant 0, \gamma \geqslant 0$ 且 $\alpha + \beta + \gamma = 1$，与 Barro（1990）相似，这个生产函数具有 AK 模型的特点。假定政府通过征收比例收入税来为公共支出融资（税率为 $\tau$），即存在：

$$\tau y = g_1 + g_2 \tag{6.12}$$

进一步，假设生产性公共支出在总支出中所占的比重为 $\varphi$，也就说存在：

$$g_1 = \phi \tau y,\ g_2\ (1 - \phi)\ \tau y \tag{6.13}$$

其中：$0 \leqslant \phi \leqslant 1$。代表性经济主体把政府的决策 $\tau$ 和 $\phi$ 视为给定，选择消费 $c$ 和资本 $k$，以最大化其效用：

$$U = \int_{t=0}^{\infty} u(c) e^{-\rho t} dt \tag{6.14}$$

约束条件为：

$$\dot{k} = (1 - \tau)\ y - c \tag{6.15}$$

这里 $\rho$ 是时间偏好率。假设效用函数具有等弹性形式：

$$u\ (c) = \frac{c^{1-\sigma} - 1}{1 - \sigma} \tag{6.16}$$

其中：$\sigma$ 是跨期替代弹性系数的倒数。求解代表性经济主体的最大化问题，可以获得关于私人消费增长率的解析式：

① 这里的内生增长理论模型与新古典增长模型还有一点不同，就是把政府公共支出当作流量处理。

$$\frac{\dot{c}}{c}=\frac{\alpha(1-\tau)\tau^{1-\alpha}\phi^{\beta}(1-\phi)^{\gamma}(k/y)^{\alpha-1}-\rho}{\sigma} \tag{6.17}$$

在平衡增长路径上，私人消费增长率等于产出增长率，而且税率 $\tau$ 和资本产出比 $k/y$ 都是不变的。由式（6.11）～式（6.13），可以获得这个稳态的资本产出比：

$$k/y=[\phi^{\beta}(1-\phi)^{\gamma}\tau^{1-\alpha}]^{-1/\alpha} \tag{6.18}$$

因此，可得到稳态产出增长率 $\lambda$ 为：

$$\lambda=\frac{\alpha(1-\tau)\tau^{1-\alpha}\phi^{\beta/\alpha}(1-\phi)^{\gamma/\alpha}-\rho}{\sigma} \tag{6.19}$$

由此可见，政府公共支出规模（以 $\tau$ 表示）和结构（以 $\phi$ 表示）对稳态经济增长率具有重要的影响。$\tau$，$(1-\tau)$，$\phi$ 和 $(1-\phi)$ 都进入了稳态增长率的解析式，意味着财政政策变量对稳态经济增长率具有非线性影响。依据式（6.19），分别求稳态增长率关于公共支出规模与结构的导数，可以得到最优支出规模 $\tau^*$ 和结构 $\phi^*$ ：

$$\overset{*}{\tau}=1-\alpha=\beta+\gamma,\ \overset{*}{\phi}=\beta/(\beta+\gamma) \tag{6.20}$$

也就说，最优公共支出规模等于各公共支出的生产弹性系数之和，生产性公共支出的最优比重等于该支出生产弹性系数与总公共支出生产弹性系数之比。当公共支出规模小于最优规模时，增加支出规模就会提高经济的稳态增长率，而当公共支出规模超过了最优规模时，增加支出就会降低经济的稳态增长率；当生产性支出比重小于最优结构时，增加生产性支出比重就会提高稳态经济增长率，而当生产性比重超过了最优结构时，增加它的比重就会降低稳态增长率。

这个结论与新古典增长理论预测结果具有一定的相似性，只是那里表明的是财政政策对经济的转型动态影响。综合新古典增长理论和内生增长理论两个分析框架，我们似乎可以得到两个重要结论：一是政府规模及其支出结构，不仅对经济的转型动态平均增长率，而且对稳态增长率都具有非线性影响；二是具体到一个时期，政府规模及其支出结构的变动是否可以促进经济增长，取决于当前政府规模及其支出结构相对于最优规模和最优结构的位置。

## 6.2　计量模型、估计方法与数据处理

这里将使用我国1993—2012年省际时间序列数据，运用动态面板估计方法，从总量和结构两个方面作出定量分析，并在此基础上进一步探讨财政政策及其结构变量作用于长期经济增长的渠道。

### 6.2.1　基准计量模型

计量模型将参考Afonso & Alegre（2011）所使用的自回归滞后分布模型（ARDL），基本形式为：

$$y_{i,t} = \mu_i + v_t + \sum_{j=1}^{p} \theta_j y_{i,t-j} + \sum_{k=0}^{q} \delta_k fis_{i,t-k} + \xi_i con_{i,t} + \varepsilon_{i,t} \quad (6.21)$$

其中：$y_{it}$是被解释变量，$fis_{i,t}$是财政政策变量，$con_{i,t}$是根据需要选择的控制变量，$\mu_i$和$v_t$分别表示个体和时间效应。本章使用的计量模型与Afonso & Alegre（2011）有两点不同：一是这里同时考虑了财政政策总量和结构变量的影响，特别是在考虑结构变量时，用相应的总量变量作为控制变量，以考察结构变量的直接影响；二是在回归方程的财政政策变量中，同时纳入了该政策变量的平方项，以考察这个政策变量的非线性影响。

然而，由于同时在回归方程中加入了被解释变量和解释变量的滞后项，模型成为动态的，（6.21）式中的估计系数不容易得到解释，特别是当我们关注长期效应时。因此，遵循Afonso & Alegre（2011）的做法，重点关注政策变量的长期效应，其系数的计算方法为：

$$LRE = \sum_{k=0}^{q} \delta_k / (1 - \sum_{j=1}^{p} \theta_j) \quad (6.22)$$

长期效应系数的标准差可以通过应用Delta方法来估计，即在均值附近对函数运用一阶泰勒展开后，再利用方差和的公式获得和的方差[①]。

---

① 具体计算方法可参见Casella & Berger(2002)：Section 5.6。

### 6.2.2 动态面板估计方法

ARDL 模型必须使用动态面板方法来进行估计。当解释变量同时包含有被解释变量滞后值的面板数据，就是动态面板数据（Dynamic Panel Data）①。动态面板数据的组内估计量（FE）是不一致的，需要寻找适当的工具变量才能得到一致估计。Arellano & Bond（1991）使用所有可能的滞后变量作为工具变量，对差分后的方程进行 GMM 估计，这一方法被称为“差分 GMM”（Difference GMM），它比两阶段最小二乘估计（2SLS）更有效率。但是，差分 GMM 方法也存在问题，比如只有在扰动项不存在自相关的情况下才是一致估计；而且，如果时间 $T$ 很大，会有很多工具变量，容易出现弱工具变量（Weak Instruments）的问题，通常来说滞后越多期则相关性越弱，解决的有效方法是限制最多使用 $q$ 阶滞后变量作为工具变量。还有一个需要重点解决的问题是，变量及其差分项之间的相关性可能很弱，特别是当变量接近随机游走（Random Walk）时，弱工具变量问题就很严重。为解决此问题，Arellano & Bover（1995）重新回到差分之前的水平方程并提出“水平 GMM”（Level GMM）。Blundell & Bond（1998）将差分 GMM 与水平 GMM 结合在一起，将差分方程与水平方程作为一个方程系统进行 GMM 估计，称为“系统 GMM”（System GMM），其优点是可以提高估计的效率，并且可以估计不随时间变化的变量的系数，但必须假定工具变量与扰动项无关。

对于差分 GMM 模型，需要进行原假设为“扰动项无自相关”的检验，可以通过检验扰动项的差分是否存在一阶与二阶自相关来检验这一原假设。如果扰动项的差分存在一阶自相关，但不存在二阶自相关，就可以接受“扰动项无自相关”的原假设，可以使用差分 GMM。但仍需对差分 GMM 进行工具变量的过度识别检验，如果无法拒绝“所有工具变量均有效”的原假设，则差分 GMM 成立。对于系统 GMM 模型，也需要进行原假

---

① 陈强．高级计量经济学及 Stata 应用[M]．北京：高等教育出版社，2010：179－187.

设为“扰动项无自相关”的检验，如果拒绝了该原假设，则宜选择差分GMM。也需对系统GMM进行工具变量的过度识别检验，如果无法拒绝“所有工具变量均有效”的原假设，则系统GMM成立。GMM估计包括一步（One – Step）和两步（Two – Step）的GMM，由于两步估计的权重矩阵依赖于估计参数且标准差存在向下偏倚，并没有带来多大的效率改善且估计量不可靠，一步估计量尽管效率有所下降但它是一致的，故在经验应用中人们通常只使用一步GMM估计而已①。Blundell & Bond（1998）利用蒙特卡罗模拟实验也证实，在有限样本下，系统GMM比差分GMM估计的偏差更小、效率也有所改进。因此，这里采取一步系统GMM估计方法。

### 6.2.3　变量设置及数据说明

ARDL模型中，被解释变量 *y* 分别用各省年度人均GDP增长率 *yg*、劳动生产率增长率 *lpg* 和全要素生产率增长率 *tfpg* 表示。财政政策变量 *fis* 包括：*czsr* 和 *czzc*，分别表示各省的地方公共财政预算收入和预算支出占GDP的比重；$czsr^2$ 为 *czsr* 的平方项，其他尾部为“2”的变量也是相应变量的平方项；*zzs*、*yys*、*qysds*、*grsds*，分别为各省的增值税、营业税、企业所得税、个人所得税占本省财政收入总量的比重；*ggfw*、*wjkw*、*sb*、*nyzc*，分别为各省一般公共服务支出、文教科卫财政支出、社会保障财政支出、农业财政支出占本省财政支出总量的比重。模型中还纳入了如下控制变量（*con*）：*gdzctz*，固定资产投资率（用各省的全社会固定资产投资占GDP的比重表示）；*lab*，各省的劳动就业增长率；*pop*，人口增长率。

实际计算时，自回归滞后分布模型中采纳被解释变量的滞后阶数 $p=1$、最多使用的被解释变量滞后阶数 $q=2$ 来限制工具变量的个数。这里使用的省际面板数据与第5章相同。

① 在理论上，一步系统广义矩估计（One – Step System GMM）利用了比一步差分广义矩估计（One – step Difference GMM）更多的信息，前者可以解决后者所难以解决的内生性和弱工具变量问题，故一步系统广义矩估计的估计结果更为有效。

## 6.3 财政政策促进长期增长的经验证据

首先考察财政政策总量变量和结构变量与人均 GDP 增长率、劳动生产率增长率和全要素生产率增长率的经验关系。然后，下一节在此基础上，探讨财政政策变量作用于长期增长的渠道。

### 6.3.1 财政政策与人均 GDP 增长

以各省年度人均 GDP 增长率（*yg*）为被解释变量，把面板数据代入自回归滞后分布模型中，运用 Stata11 软件进行系统 GMM 估计，获得各解释变量的估计系数，利用式（6.22）进一步计算出长期效应系数和长期效应系数标准差，结果如表 6-1 所示。

方程 1 和方程 2，分别考察了各省财政收入和财政支出的总量变量（分别以占当地 GDP 的比重来表示）与人均 GDP 增长率之间的关系。结果显示：财政收入和财政支出的总量对人均 GDP 增长均有显著的正效应，其中财政收入变量的长期效应系数为 3.104，而财政支出变量的长期效应系数为 0.441；虽然财政收入的效应大于财政支出，但是财政收入效应的边际递减速度大于财政支出（财政收入和财政支出的平方项系数均显著为负）。这表明，我国省级政府规模的扩大有利于提高当地的人均 GDP 增长，但两者之间具有显著的非线性关系，且边际效应是递减的。然而，联系到方程 3 至方程 10 的估计结果，可以看到：加入财政收支结构变量后，财政收入的长期效应变成了负数（且在含公共服务的方程 3 中不显著），财政支出的长期效应系数明显变小（且在含增值税的方程 7 中变得不显著，在含个人所得税的方程 10 中变成了显著的负数）。因此，可以认为：财政收入和财政支出对人均 GDP 增长的正效应，主要是通过财政收支结构变动的影响而产生的。

方程 3 至方程 6，分别考察了财政支出各分项变量（以财政支出各项目占财政支出总量的比重来表示）与人均 GDP 增长之间的关系，以检验财政支出结构效应的大小。在本系列回归估计中，均把以财政收入表示的政府规模变量（占GDP的比重）纳入控制变量系列之中，以控制财政政策总量变动的影响。结果显示[①]：在总支出中分别单独增加公共服务支出、文教科卫支出和农业支出的比重，对人均GDP增长具有显著的负效应，只有社会保障支出具有正效应；公共服务支出和社会保障支出与人均GDP增长之间具有显著的非线性关系，而文教科卫支出和农业支出与人均GDP增长之间的非线性关系不显著。

方程7至方程10，分别考察了财政收入各分项变量（以财政收入各项目占财政收入总量的比重来表示）与人均GDP增长之间的关系，以检验财政收入结构效应的大小。在本系列回归估计中，均把以财政支出表示的政府规模变量纳入控制变量系列之中，以控制财政政策总量变动的影响。同理，由于控制了总量效应，所以财政收入项目变量的系数含义，就是指增加该项目在总收入中比重而同时减少其他项目比重时所产生的相对效应大小。结果显示：在财政收入中分别单独增加增值税、营业税和个人所得税的比重，对人均GDP增长均产生了显著的正效应，而单独增加企业所得税的比重，对人均GDP增长产生了显著的负效应；这里所考察的四个税收项目，即增值税、营业税、企业所得税和个人所得税，与人均GDP增长均具有显著的非线性关系，且增值税、营业税和个人所得税的边际效应是递减的，企业所得税的边际效应是递增的。

方程1至方程10中，除财政政策总量变量外的控制变量长期效应系数均在统计上是显著的，而且系数符号与理论预测具有高度的一致性。固定资产投资率（由于各省中当期固定资产投资包含有政府投资，而政府投资这个数据不可得，所以将其滞后一期处理），以及劳动力增长率与人均GDP增长均有显著的正效应，而人口增长率具有显著的负效应。

### 6.3.2　财政政策与劳动生产率增长

以各省年度劳动生产率的增长率（*lpg*）为被解释变量，按照与上一小

---

① 由于控制了总量效应，所以财政支出项目变量的系数含义，就是指增加该项目在总支出中比重而同时减少其他项目比重时所产生的相对效应大小。

节相同的方法，把面板数据代入自回归滞后分布模型中，运用 Stata11 软件进行系统 GMM 估计，获得各个解释变量的系数，然后利用（6.22）式进一步计算出长期效应系数和长期效应系数标准差，结果如表 6－2 所示。

方程 1 和方程 2，分别考察了财政收入和财政支出的总量变量与劳动生产率增长之间的关系。结果显示：财政收入和财政支出对劳动生产率增长均具有显著的负效应，其中财政收入变量的长期效应系数为－4.283，而财政支出变量的长期效应系数为－0.704；财政收入效应的边际递增速度大于财政支出（财政收入和财政支出的平方项系数均显著为正，且财政收入平方项的系数绝对值较大）。这也同时表明，1993—2012 年，我国省级政府规模的扩大不利于提高劳动生产率增长，但是两者之间具有显著的非线性关系，且边际效应是递增的。与前述人均 GDP 增长效应相似，由后续方程 3 到方程 10 可以看到，财政收支总量对劳动生产率增长的负效应，也主要是通过收支结构变动而产生的。

方程 3 至方程 6，分别考察了财政支出项目变量与劳动生产率增长之间的关系，以检验财政支出结构效应的大小。与上一小节相同，在本系列回归估计中，也都把以财政收入表示的政府规模变量纳入控制变量系列之中，以控制财政政策总量变动的影响。结果显示：在公共服务支出、文教科卫支出、社保支出和农业支出中，只有公共服务支出和社保支出具有统计上显著的效应，其中公共服务支出具有显著的负效应和非线性影响，而社保支出具有显著的正效应和不显著的非线性影响；文教科卫支出和农业支出既没有显著的效应也没有显著的非线性影响。

方程 7 至方程 10，分别考察了财政收入各项目与劳动生产率增长之间的关系，以检验财政收入结构效应的大小。在本系列回归估计中，也都把以财政支出表示的政府规模变量纳入控制变量系列之中，以控制财政政策总量变动的影响。结果显示：在增值税、营业税、企业所得税和个人所得税四个分项税收收入中，增值税、企业所得税和个人所得税比重的变动对劳动生产率增长，既有显著的长期效应，也有显著的非线性影响，其中，增值税和个人所得税为正效应，而企业所得税为负效应；营业税对劳动生产率增长，既无显著的长期效应，也无显著的非线性影响。

方程 1 至方程 10 中，控制变量长期效应系数的表现略有差异。财政收入和财政支出作为控制变量时，系数均为统计上显著的负数。固定资产投资率的系数均为统计上显著的正数，且变动幅度不大，表明固定资产投资有利于促进劳动生产率增长。劳动力增加在多数回归方程中具有显著的负效应。人口增长率的系数在所有回归方程中都是不显著的，表明单纯的人口增长对于劳动生产率增长的影响不显著。

### 6.3.3　财政政策与全要素生产率增长

以各省年度全要素生产率的增长率（*tpfg*）为被解释变量[①]，按照与前两小节同样方法，把面板数据代入自回归滞后分布模型中，运用 Stata11 软件进行系统 GMM 估计，获得各个解释变量的系数，利用（6.22）式进一步计算出长期效应系数和长期效应系数标准差，结果如表 6－3 所示。

方程 1 和方程 2，分别考察了财政收入和财政支出的总量变量与全要素生产率增长之间的关系。结果显示：财政收入和财政支出对全要素生产率增长，均具有统计上不显著的正效应，其中财政支出变量在 10% 的显著水平上具有系数为负的非线性影响。联系到后续的方程 3 至方程 10 的结果，可以看到：如果控制收支结构变动，财政收入总量对全要素生产率增长的影响是显著的负效应，而财政支出对全要素生产率增长的效应是不显著的负效应。这再次表明财政政策对长期经济增长的影响，主要是通过其结构而产生的。

方程 3 至方程 6，分别考察了财政支出项目变量与全要素生产率增长之间的关系，以检验财政支出结构效应的大小。与上一小节相同，在本系列回归估计中，也都再次把以财政收入表示的政府规模变量纳入控制变量系列之中，以控制财政政策总量变动的影响。结果显示：在公共服务支出、文教科卫支出、社保支出和农业支出中，只有文教科卫支出具有统计

---

① 对于全要素生产率增长率，采取如下估算方法：$\dot{A}/A = \dot{Y}/Y - \alpha I/Y - \beta \dot{L}/L$。

上不显著的负效应，其余项目支出都具有显著的影响，其中公共服务支出和农业支出是负效应，而社保支出是正效应；另外，公共服务支出和社保支出均具有显著的非线性影响。

方程 7 至方程 10，分别考察了财政收入各项目与劳动生产率增长之间的关系，以检验财政收入结构效应的大小。结果表明：在增值税、营业税、企业所得税和个人所得税四个分项税收收入中，增值税和个人所得税比重的变动对全要素生产率的增长，既有显著的长期正效应，也有显著的非线性影响；企业所得税具有显著的负效应，非线性影响在统计上也是显著的。营业税既无显著的长期效应，也无显著的非线性影响。

从所有方程中的控制变量系数来看，固定资产投资率的系数在多数方程中是不显著的，即使在少数方程中显著，其系数也比较小，可以认为固定资产投资对全要素生产率增长影响较小。劳动力增长率的系数在多数方程中是显著的正数，在少数不显著的方程中，其系数也是正的，可以认为劳动力增长在一定程度上促进了全要素生产率增长。在所有回归方程，人口增长率对全要素生产率增长的影响都是不显著的。

**表6-1　我国财政政策的人均GDP长期增长效应估计结果**

| 解释变量 | 方程1 | 方程2 | 方程3 | 方程4 | 方程5 | 方程6 | 方程7 | 方程8 | 方程9 | 方程10 |
|---|---|---|---|---|---|---|---|---|---|---|
| czsr | 3.104*** (0.877) | | -0.036 (0.201) | -0.536** (0.220) | -1.207*** (0.190) | -0.445** (0.220) | | | | |
| $czsr^2$ | -15.420*** (4.122) | | | | | | | | | |
| czzc | | 0.441** (0.171) | | | | | 0.095 (0.068) | 0.139* (0.071) | 0.160* (0.082) | -0.123* (0.064) |
| $czzc^2$ | | -0.759*** (0.290) | | | | | | | | |
| ggfw | | | -2.362*** (0.624) | | | | | | | |
| $ggfw^2$ | | | 9.777*** (2.572) | | | | | | | |
| wjkw | | | | -2.137* (1.130) | | | | | | |
| $wjkw^2$ | | | | 2.310 (2.174) | | | | | | |
| sb | | | | | 0.858*** (0.206) | | | | | |

续表

| 解释变量 | 方程 1 | 方程 2 | 方程 3 | 方程 4 | 方程 5 | 方程 6 | 方程 7 | 方程 8 | 方程 9 | 方程 10 |
|---|---|---|---|---|---|---|---|---|---|---|
| $sb^2$ | | | | | -2.869*** <br> (1.009) | | | | | |
| nyzc | | | | | | -1.161** <br> (0.492) | | | | |
| $nyzc^2$ | | | | | | 2.208 <br> (2.625) | | | | |
| zzs | | | | | | | 2.442*** <br> (0.327) | | | |
| $zzs^2$ | | | | | | | -5.332*** <br> (0.779) | | | |
| yys | | | | | | | | 0.616** <br> (0.278) | | |
| $yys^2$ | | | | | | | | -0.984** <br> (0.402) | | |
| qysds | | | | | | | | | -0.748*** <br> (0.267) | |
| $qysds^2$ | | | | | | | | | 2.001** <br> (0.795) | |

续表

| 解释变量 | 方程1 | 方程2 | 方程3 | 方程4 | 方程5 | 方程6 | 方程7 | 方程8 | 方程9 | 方程10 |
|---|---|---|---|---|---|---|---|---|---|---|
| grsds | | | | | | | | | | 2.573*** (0.488) |
| $grsds^2$ | | | | | | | | | | -15.050*** (2.894) |
| gdzctz(-1) | 0.152*** (0.035) | 0.146*** (0.037) | 0.168*** (0.037) | 0.308*** (0.036) | 0.196*** (0.030) | 0.340*** (0.040) | 0.319*** (0.037) | 0.145*** (0.033) | 0.146*** (0.036) | 0.254*** (0.032) |
| lab | 0.962*** (0.182) | 1.341*** (0.234) | 0.902*** (0.178) | 1.118*** (0.191) | 0.997*** (0.150) | 0.952*** (0.189) | 0.763*** (0.173) | 0.609*** (0.171) | 0.944*** (0.198) | 0.358*** (0.124) |
| pop | -1.412*** (0.193) | -1.464*** (0.221) | -1.321*** (0.202) | -1.361*** (0.205) | -0.919*** (0.149) | -1.569*** (0.201) | -1.351*** (0.189) | -1.296*** (0.191) | -1.333*** (0.192) | -1.139*** (0.140) |
| 常数项 | -0.106*** (0.032) | -0.017 (0.014) | 0.156*** (0.038) | 0.390*** (0.146) | 0.069*** (0.011) | 0.056** (0.022) | -0.302*** (0.041) | -0.075* (0.042) | 0.063*** (0.022) | -0.062*** (0.024) |

注：小括号内数据为标准差。***为0.01水平下显著，**为0.05水平下显著，*为0.1水平下显著。

**表6-2 我国财政政策的劳动生产率长期增长效应估计结果**

| 解释变量 | 方程1 | 方程2 | 方程3 | 方程4 | 方程5 | 方程6 | 方程7 | 方程8 | 方程9 | 方程10 |
|---|---|---|---|---|---|---|---|---|---|---|
| czsr | -4.283*** (0.955) | | -1.028*** (0.228) | -1.659*** (0.286) | -1.099*** (0.213) | -1.663** (0.258) | | | | |
| $czsr^2$ | 17.032*** (4.429) | | | | | | | | | |

续表

| 解释变量 | 方程 1 | 方程 2 | 方程 3 | 方程 4 | 方程 5 | 方程 6 | 方程 7 | 方程 8 | 方程 9 | 方程 10 |
|---|---|---|---|---|---|---|---|---|---|---|
| czzc | | −0. 704 * *<br>(0. 197) | | | | | −0. 232 * * *<br>(0. 071) | −0. 311 * * *<br>(0. 081) | −0. 301 * * *<br>(0. 084) | −0. 241 * * *<br>(0. 067) |
| $czzc^2$ | | 0. 809 * *<br>(0. 325) | | | | | | | | |
| ggfw | | | −1. 782 * * *<br>(0. 633) | | | | | | | |
| $ggfw^2$ | | | 8. 930 * * *<br>(2. 615) | | | | | | | |
| wjkw | | | | 0. 081<br>(1. 464) | | | | | | |
| $wjkw^2$ | | | | −0. 686<br>(2. 874) | | | | | | |
| sb | | | | | 0. 481 * *<br>(0. 229) | | | | | |
| $sb^2$ | | | | | −0. 986<br>(1. 127) | | | | | |
| nyzc | | | | | | −0. 001<br>(0. 546) | | | | |

续表

| 解释变量 | 方程 1 | 方程 2 | 方程 3 | 方程 4 | 方程 5 | 方程 6 | 方程 7 | 方程 8 | 方程 9 | 方程 10 |
|---|---|---|---|---|---|---|---|---|---|---|
| $nyzc^2$ | | | | | | -1.538 | | | | |
| | | | | | | (2.909) | | | | |
| zzs | | | | | | | 2.579*** | | | |
| | | | | | | | (0.360) | | | |
| $zzs^2$ | | | | | | | -4.248*** | | | |
| | | | | | | | (0.867) | | | |
| yys | | | | | | | | 0.104 | | |
| | | | | | | | | (0.303) | | |
| $yys^2$ | | | | | | | | -0.071 | | |
| | | | | | | | | (0.437) | | |
| qysds | | | | | | | | | -0.699** | |
| | | | | | | | | | (0.275) | |
| $qysds^2$ | | | | | | | | | 1.796** | |
| | | | | | | | | | (0.814) | |
| grsds | | | | | | | | | | 1.344** |
| | | | | | | | | | | (0.565) |
| $grsds^2$ | | | | | | | | | | -9.003*** |
| | | | | | | | | | | (3.324) |

续表

| 解释变量 | 方程1 | 方程2 | 方程3 | 方程4 | 方程5 | 方程6 | 方程7 | 方程8 | 方程9 | 方程10 |
|---|---|---|---|---|---|---|---|---|---|---|
| gdzctz(-1) | 0.363***<br>(0.038) | 0.311***<br>(0.043) | 0.270***<br>(0.040) | 0.407***<br>(0.044) | 0.260***<br>(0.034) | 0.416***<br>(0.043) | 0.499***<br>(0.042) | 0.339***<br>(0.039) | 0.327***<br>(0.040) | 0.319***<br>(0.035) |
| lab | -0.297*<br>(0.176) | 0.107<br>(0.255) | -0.295<br>(0.181) | -0.028<br>(0.225) | -0.420**<br>(0.169) | -0.339<br>(0.213) | -0.283<br>(0.189) | -0.757***<br>(0.196) | -0.440**<br>(0.208) | -0.699***<br>(0.136) |
| pop | 0.145<br>(0.182) | -0.164<br>(0.231) | 0.167<br>(0.194) | 0.060<br>(0.235) | -0.221<br>(0.167) | -0.050<br>(0.215) | -0.069<br>(0.192) | 0.000<br>(0.202) | -0.141<br>(0.192) | -0.124<br>(0.143) |
| 常数项 | 0.190***<br>(0.036) | 0.079***<br>(0.018) | 0.172***<br>(0.040) | 0.101<br>(0.186) | 0.077***<br>(0.014) | 0.089**<br>(0.025) | -0.351***<br>(0.045) | 0.017<br>(0.047) | 0.093***<br>(0.024) | -0.005<br>(0.029) |

注:小括号内数据为标准差。***为0.01水平下显著,**为0.05水平下显著,*为0.1水平下显著。

**表6-3 我国财政政策的全要素生产率长期增长效应估计结果**

| 解释变量 | 方程1 | 方程2 | 方程3 | 方程4 | 方程5 | 方程6 | 方程7 | 方程8 | 方程9 | 方程10 |
|---|---|---|---|---|---|---|---|---|---|---|
| czsr | 0.827<br>(0.940) | | -0.366*<br>(0.211) | -0.979***<br>(0.252) | -1.388***<br>(0.231) | -0.926***<br>(0.240) | | | | |
| $czsr^2$ | -5.480<br>(4.442) | | | | | | | | | |
| czzc | | 0.175<br>(0.183) | | | | | -0.055<br>(0.072) | -0.089<br>(0.075) | -0.083<br>(0.086) | -0.276***<br>(0.071) |
| $czzc^2$ | | -0.605*<br>(0.312) | | | | | | | | |

续表

| 解释变量 | 方程1 | 方程2 | 方程3 | 方程4 | 方程5 | 方程6 | 方程7 | 方程8 | 方程9 | 方程10 |
| --- | --- | --- | --- | --- | --- | --- | --- | --- | --- | --- |
| ggfw | | | -2.988***<br>(0.672) | | | | | | | |
| $ggfw^2$ | | | 12.186***<br>(2.773) | | | | | | | |
| wjkw | | | | -1.211<br>(1.258) | | | | | | |
| $wjkw^2$ | | | | 0.568<br>(2.424) | | | | | | |
| sb | | | | | 0.763***<br>(0.247) | | | | | |
| $sb^2$ | | | | | -2.929**<br>(1.213) | | | | | |
| nyzc | | | | | | -1.096**<br>(0.536) | | | | |
| $nyzc^2$ | | | | | | 1.219<br>(2.855) | | | | |
| zzs | | | | | | | 2.480***<br>(0.359) | | | |

续表

| 解释变量 | 方程 1 | 方程 2 | 方程 3 | 方程 4 | 方程 5 | 方程 6 | 方程 7 | 方程 8 | 方程 9 | 方程 10 |
|---|---|---|---|---|---|---|---|---|---|---|
| $zzs^2$ | | | | | | | -5.294***<br>(0.853) | | | |
| yys | | | | | | | | 0.378<br>(0.302) | | |
| $yys^2$ | | | | | | | | -0.064<br>(0.436) | | |
| qysds | | | | | | | | | -0.617**<br>(0.289) | |
| $qysds^2$ | | | | | | | | | 1.835**<br>(0.858) | |
| grsds | | | | | | | | | | 3.289***<br>(0.559) |
| $grsds^2$ | | | | | | | | | | -18.083***<br>(3.293) |
| gdzctz(-1) | -0.059<br>(0.036) | -0.056<br>(0.039) | -0.039<br>(0.039) | 0.085**<br>(0.037) | -0.046<br>(0.036) | 0.141***<br>(0.040) | 0.096***<br>(0.037) | -0.030<br>(0.035) | -0.028<br>(0.038) | 0.043<br>(0.034) |
| lab | 0.524***<br>(0.195) | 0.716***<br>(0.248) | 0.470**<br>(0.187) | 0.724***<br>(0.211) | 0.678***<br>(0.174) | 0.424**<br>(0.201) | 0.275<br>(0.185) | 0.137<br>(0.188) | 0.367*<br>(0.214) | 0.086<br>(0.141) |

续表

| 解释变量 | 方程 1 | 方程 2 | 方程 3 | 方程 4 | 方程 5 | 方程 6 | 方程 7 | 方程 8 | 方程 9 | 方程 10 |
|---|---|---|---|---|---|---|---|---|---|---|
| pop | -0.061 | -0.201 | -0.099 | 0.055 | 0.152 | -0.276 | -0.153 | -0.092 | -0.084 | -0.117 |
|  | (0.034) | (0.229) | (0.207) | (0.224) | (0.175) | (0.207) | (0.199) | (0.205) | (0.203) | (0.151) |
| 常数项 | -0.041 | -0.025 | 0.177*** | 0.263 | 0.061*** | 0.047** | -0.322*** | -0.058 | 0.031 | -0.110*** |
|  | (0.034) | (0.015) | (0.041) | (0.162) | (0.013) | (0.024) | (0.045) | (0.046) | (0.024) | (0.028) |

注：小括号内数据为标准差。***为 0.01 水平下显著，**为 0.05 水平下显著，*为 0.1 水平下显著。

## 6.4　财政政策影响长期增长的作用渠道

汇总上述分析结果，如表6－4所示，可得如下结论：一是财政政策可以通过改变财政收支结构影响长期经济增长；二是与理论预测相一致，财政收支总量和收支结构对长期经济增长的非线性影响是存在的；三是就样本期省际面板数据而言，政府规模的扩大单纯从总量上看有利于促进长期经济增长，但效应随着政府规模的扩大越来越小；四是在财政支出中，增加公共服务支出和农业支出的比重不利于长期增长，增加社保支出的比重有利于促进长期增长；五是在财政收入中，增加增值税和个人所得税的比重有利于促进长期经济增长，增加企业所得税的比重不利于长期增长。

**表6－4　财政政策变量的长期效应汇总**

| 政策变量 | 人均GDP增长 | | 劳动生产率增长 | | 全要素生产率增长 | |
|---|---|---|---|---|---|---|
| | 长期效应 | 非线性影响 | 长期效应 | 非线性影响 | 长期效应 | 非线性影响 |
| 财政收入 | + | − | − | + | | |
| 财政支出 | + | − | − | + | | − |
| 公共服务支出 | − | + | − | + | − | + |
| 文教科卫支出 | − | | | | | |
| 社保支出 | + | − | + | − | + | − |
| 农业支出 | − | | | | − | |
| 增值税 | + | − | + | − | + | − |
| 营业税 | + | − | | | | |
| 企业所得税 | − | + | − | + | − | + |
| 个人所得税 | + | − | + | − | + | − |

注：根据表6－1到表6－3的计量结果汇总。其中：“＋”表示估计系数为统计显著的正数，“－”表示估计系数为统计显著的负数，空白表示估计系数至少在10%的水平上统计不显著。

从理论上看，人均GDP的增长一般有三个来源，即资本生产率增长、劳动生产率增长和全要素生产率增长。因此，依据表6－4还可以进一步讨论财政政策影响长期经济增长的作用渠道。单纯就财政收入和财政支出总量而言，它们对劳动生产率增长具有负效应，而对全要素生产率影响不显著，藉此可以认为：财政收入和财政支出对人均 GDP 增长的正效应，可能来源于它们促进了资本生产率的增长，而且这个正效应超过了其对劳动生产率增长的负效应。在我国政府主导的市场经济中，地方政府为促进经济增长，一方面增加公共财政投资，另一方面改善投资环境优化资本市场，所以上述结论是可以得到事实支持的。

在财政支出方面，公共服务支出对人均 GDP 增长、劳动生产率增长和全要素生产率增长都具有负效应，因而据此难以判断它对资本生产率增长的影响，但可以肯定的是，即使它产生了正效应，这个效应也应该是小于它对劳动生产率增长和全要素生产率增长负效应的总和。文教科卫支出对人均 GDP 增长产生了负效应，而对劳动生产率增长和全要素生产率增长影响不显著，因而它应该对资本生产率产生了显著的负效应。社保支出对人均 GDP 增长、劳动生产率增长和全要素生产率增长均产生了正效应，且后两者长期效应系数较大，可以认为社保支出主要通过影响劳动生产率渠道和全要素生产率渠道来促进人均 GDP 增长。农业支出对人均 GDP 增长和全要素生产率增长具有负效应，对劳动生产率增长效应不显著，因此即使它促进了资本生产率增长，那效应也是很小的，所以据此可以认为，农业支出主要通过全要素生产率增长渠道而对人均 GDP 增长产生不利的影响。

在财政收入方面，增值税和个人所得税都对人均 GDP 增长、劳动生产率增长和全要素生产率增长产生了正效应，比较三组长期效应系数，可以认为两者主要都是通过劳动生产率和全要素生产率渠道促进了人均 GDP 增长。营业税对人均 GDP 增长具有正效应，但对劳动生产率增长和全要素生产率增长的影响不显著，据此可以推测它主要是通过资本生产率渠道来促进人均 GDP 增长的。企业所得税对人均 GDP 增长、劳动生产率增长和全要素生产率增长都产生了负效应，比较三者长期效应系数，且考虑到企业所得税不利于企业扩大投资的理论预测，可以认为它在三个渠道上都对人均 GDP 增长产生了不利的影响。

上述分析表明，财政收支总量和结构对长期增长的作用渠道是有差异的。财政收支总量对长期增长的作用渠道主要是资本生产率渠道，公共服务和社保支出的作用渠道主要是劳动生产率和全要素生产率渠道，文教科卫支出的作用渠道主要是资本生产率渠道，农业支出的作用渠道主要是全要素生产率渠道，增值税和个人所得税的作用渠道主要都是劳动生产率和全要素生产率渠道，营业税的作用渠道主要是资本生产率渠道，企业所得税在劳动生产率、资本生产率和全要素生产率三个渠道上都对长期增长产生了不利的影响。

# 第7章　结论与建议

## 7.1　主要结论

在中国经济转型发展的过程中，财政政策发挥了十分重要的作用。本书在回顾财政政策理论和国际实践的历史演进基础上，运用多种计量经济模型和经验实证分析方法，研究了我国1993—2012年财政政策的实践特征、经济稳定效应、结构调整效应和长期增长效应。依据实证分析的结果，可以形成以下五个主要研究结论：

（1）财政政策在本质上是政府对税收和支出的运用而影响宏观经济的政策工具。理论研究的重点，从财政政策的需求管理作用，发展到供给管理作用，最后演进到需求管理作用和供给管理作用兼顾，理论预测的结果取决于人们对经济行为和制度环境的理解。在政策实践中，财政政策始终是政府反经济衰退的政策首选，政策类型的选择依经济形势的发展而不同，调控经济的思路既有需求管理也有供给管理，并日益呈现出需求管理与供给管理并重的特点。

（2）我国1993—2012年的财政政策具有四个方面的总体特征：相机抉择是政策调控的核心策略，需求管理与供给管理并重，扩张性财政政策是主流，多元化综合运用政策工具。在具体政策措施上，也有四个典型特点：以政府支出政策为主调节总需求波动，以生产性政府支出为主促进经济长期增长，财政投资兼具长期和短期的政策意义，以收支政策组合为主推进经济结构调整。

（3）我国财政政策能够挤入私人需求并促进短期产出增长；相对于政府投资政策，短期内政府消费政策拉动产出增长的贡献度更大。消费—工作互补性、垄断竞争和价格粘性等在合适的参数校准下，可以成为主要的政策传导机制。但是，从熨平产出波动的角度看，我国财政政策的总体效果较低。稳定效果不高主要源于自动稳定效应不高、相机抉择中的政策力度和实施时机把握不好、政策工具搭配不善等原因。

（4）财政政策体系各个组成部分，无论是财政收入政策，还是财政支出政策，都具有结构调整的功能。我国财政政策在总量上对产业结构调整具有显著的短期和长期效应；财政政策对于不同区域的产业结构具有不同的影响，在东部地区具有最大的正效应，而在中西部地区的影响不显著。财政收入结构对短期和长期产业结构调整都具有显著的直接效应，但是财政支出结构对短期和长期产业结构调整的直接影响都不够显著。特别是，作为积极财政政策主要内容的扩张性财政投资政策，不仅没有发挥优化产业结构的作用，反而对长期产业结构调整起到了阻碍作用。在一定条件范围内，财政政策可以通过促进高新技术产业的发展而促进产业结构升级，且税收优惠政策效果好于财政直接投资。

（5）财政政策可以从变动财政收支总量和收支结构两个方面影响长期经济增长。与经济理论预测相一致，财政收支总量和收支结构对长期经济增长的非线性影响是存在的。政府规模的扩大单纯从总量上看有利于促进长期经济增长，但效应随着政府规模的扩大越来越小，而且表现在总量上的影响主要是通过收支结构变动而产生的。在财政支出中，增加公共服务支出和农业支出的比重不利于长期增长，增加社保支出的比重有利于促进长期增长。在财政收入中，增加增值税和个人所得税的比重有利于促进长期经济增长，增加企业所得税的比重不利于长期增长。从长期效应系数估计结果中，还可以发现财政收支总量及其结构对长期增长的作用渠道是有差异的。

## 7.2　研究启示

本书通过对中国 1993—2012 年财政政策宏观调控效果的实证研究，获得了如下三点启示：

首先，凯恩斯主义经济学派所笃信的财政政策能够干预宏观经济运行这一理论在中国得到了实践检验，财政政策依然是未来政府进行宏观经济调控的主要政策工具。实证分析表明：财政政策作为中国政府影响宏观经济的主要手段，在抑制经济过热、减缓经济衰退、调节经济结构和促进经济增长的过程中起到了重要作用。当前，我国经济增长方式还没有得到根本性改变，经济结构不尽合理，自主创新能力不强，消费需求与投资需求的比例还不够协调等问题制约着经济的长期可持续健康发展，因而仍然需要政府通过实施财政政策来加以解决。财政政策在结构调节和提高质量方面的优势，决定了它在宏观经济调控中将日益发挥更加重要的作用。未来的财政政策，要更加重视调节经济结构、扩大内需、改善民生，进一步加强财政科学化、精细化管理，提高财政资金绩效，防范财政风险。当然，政策实施及其成功转型，首先需要对宏观经济形势的科学把握和准确判断，在操作中突出主要政策目标，兼顾协同目标，稳中求进。

其次，虽然需求因素往往是触发财政政策实施和转型的主要原因，但是财政政策的供给管理作用值得高度重视和深入研究。理论和实践，特别是我国 1993—2012 年的政策实践都已表明，财政政策既可以刺激需求又可以改善供给。因此，未来在政策操作中，并不能完全遵循凯恩斯主义的需求管理思路，还要将需求管理与供给管理、短期效应与长期效应、总量调节与结构调节等有效地结合起来。而供给管理的思路，是着眼于促进长期经济增长，而不是平滑经济周期性波动，利用减税政策和税制改革刺激生产要素的供给，同时更加注重调整政府支出结构，带动对基础设施、人力资本和研发的投入，促进产业升级，改善经济结构，提高供给的能力和质量，从而在长期内提高经济的潜在产出水平。

最后，必须坚持周期财政调控政策与产业结构调整政策协调配合。长期以来，财政投资政策是中国周期调控政策的主要内容，但是它没有显著发挥优化产业结构的作用，主要是因为财政投资的重点领域比较单一。因此，要结合产业结构调整的重点方向，合理选择投资结构，有效引导民间投资方向，同时也应逐步减少财政投资比重，加大对科技、教育、卫生、环保等方面的投入力度。现阶段，需着重通过一系列切实、有效、细致的财政政策来推进产业内部结构的调整，目的是淘汰落后、过剩产能，并促进产业和产品的迅速升级换代。对技术落后、污染严重、产品陈旧的企业征收更高的资源税、消费税、环境税等，以提高这些企业使用生产要素的相对成本，从而促其节能减排、更新技术。利用财政政策支持支柱型传统产业的改造，支持高端制造业和战略新兴产业的发展，推进全社会的科技进步和管理创新。通过财政贴息方式鼓励发展新能源、新材料、移动通讯、信息网络、节能建筑、航空航天、装备制造、生物医药等战略新兴产业，帮助新兴产业尽快蓬勃壮大起来。在财政政策的制定上进一步突出科技创新的重要性，促进科技支撑体系迅速形成，重点需要加大政府对高新技术企业的财政投入，通过贷款担保、贴息、风险补贴等政策鼓励企事业单位增加科研投入，并通过改革经费管理制度促进产学研的结合。

## 7.3 政策建议

2012 年以来，我国经济发展过程中长期性结构不合理现象日益突出。政府和学术界的共识是：经济增速显著下降，表面上的原因是“需求不足”，实际上是供给结构与市场需求脱节造成的“供给失灵”（贾康等，2015；胡鞍钢等，2016）。当前，政府强调要推进供给侧结构性改革，使之成为“十三五”时期经济发展的战略主线。供给侧结构性改革的核心目标，就是以提高发展质量和效益为中心，转变以往以投资需求为核心的经济增长方式，优化供给结构，扩大有效供给，满足有效需求。

财政政策作为政府调控宏观经济运行的主要政策工具之一，蕴含总量调节和结构调节两个机制，兼具需求管理和供给管理双重功能，因而在供给侧结构性改革中有着重要的地位，可以发挥重要的作用。这里，结合本书的研究成果，分别从完善财政规则、优化支出结构、推进税制改革、协调财政货币政策四个方面，对供给侧结构性改革中的财政政策支持提出建议。

### 7.3.1　完善财政规则

自动稳定性不高是导致我国财政政策稳定效应不强的一个主要原因。提高财政政策的自动稳定性，除了要完善累进税制和转移支付制度以外，还要通过完善财政规则来规范财政行为。财政规则是近些年来继货币政策规则之后的新兴研究领域①。所谓财政规则，就是指对财政政策的永久约束，不仅适用于当前政府的财政行为，而且也适用于后来的各届政府。财政规则的优势在于通过约束政府财政行为，减少相机抉择的不确定性，增强财政的可持续性，为公众提供了一种可预期的政策环境，合理引导公众的理性行为。

近年来，少数学者对我国财政收入和支出规则进行了估计，有的还评估财政规则的经济稳定效果。周波（2012）研究认为，我国赤字规则为：赤字是上一期赤字水平、产出缺口和财政冲击的线性组合。朱军（2013）发现在我国，惯性支出规则与盯住产出缺口规则的经济效应大致相同，盯住债务变化规则与平衡预算规则的经济效应也大致相同，含债务控制与不含债务控制的政策规则存在明显差异。张佐敏（2015）研究认为，我国财政规则存在着扭曲税率、政府消费性支出和转移支付三个规则，其中扭曲税率依据当期的政府债务及时调整，属于盯住债务规则；政府消费性支出和转移支付依据当期的总产出及时调整，都属于自动稳定规则。

① 在货币政策规则研究中，学者们先后提出了三种主要的规则，即 Friedman & Schwartz（1968）的单一货币规则、McCallum（1984）的基础货币规则、Taylor（1993）的利率调整规则。

今后，我国应从以下四个方面不断完善财政规则①。一是要明确量化政策目标，并将政府支出、政府税收、政府债务（或财政赤字）和货币投放纳入跨期预算平衡的整体框架中，加以统筹安排。二是要创造条件引入财政规则作为财政行为的指导原则，对财政行为施加制度约束。三是建立中央和地方政府的债务风险预警机制，提早发现并控制风险，确保政府财政的可持续性。四是为实施财政规则提供良好的制度基础，包括建立财政反应机制、现代融资管理体制、政府债务管理信息公开机制、政府债务外部监管和风险控制机制等。

### 7.3.2 优化支出结构

财政支出结构主要取决于一国所处的经济发展阶段，其发展变化具有一定的规律性②。但从政府实施财政政策角度看，则必须根据一定时期的发展战略和政策目标以及经济形势的发展变化，推动财政支出结构的调整和优化，这一点已得到内生增长理论的支持。本书的经验研究表明，我国财政支出结构对短期和长期产业结构调整的直接影响都不够显著。特别是，作为积极财政政策主要内容的扩张性财政投资政策，不仅没有发挥优化产业结构的作用，反而对长期产业结构调整起到了阻碍作用。因此，今后一个时期，如何优化财政支出结构，促进经济结构调整和实现创新驱动，是推进供给侧结构性改革的一项重要任务。

优化财政支出结构的基本方法是：一是依据市场经济政府职能，发挥市场在资源配置中的决定性作用，财政支出要逐步退出市场性、竞争性领

---

① Kopits & Symansky(1998)提出了八条“理想的”财政规则的标准：概念明确；公共账户透明化；简洁性；灵活性（尤其是应对外部冲击的能力）；政策与目标保持一致性；具备制裁违规行为的能力；与其他政策目标和公共政策准则具有一致性；其他政策的有效配合。

② Musgrave(1969)认为，在经济发展初期，政府必须加大基础设施建设的力度，创造良好的生产和投资环境，为加速经济起飞创造基础条件，因而公共积累支出应占有较大比重，但公共消费支出比重往往不高；在经济发展中期，私人部门的资本积累较为雄厚，社会基础设施建设基本完成，政府财政投资已成为私人投资的补充，因此公共积累支出比重就会不断下降，而公共消费支出比重将会不断提高；在经济发展成熟期，人均收入水平很高，人们对生活质量提出更高的要求，需要更新经济基础设施，加大社会基础设施和人力资本的投资，所以公共积累支出的增长率可能有所回升，而公共消费支出比重也会因为公共服务需求增加而不断增长。

域，支出重点放在容易造成市场失灵的公共品供给领域；二是根据经济政策目标，在财政支出中逐步调整和理顺生产性支出与消费性支出之间的比例关系及其内部比例关系；三是着眼于培育创新驱动的内生动力，加大人力资本投资密度、研发支出密度、环保投资密度，营造创新创业的良好环境，促进高新技术产业发展，鼓励技术革新和效率增进；四是依据产业政策重点，改变“大水漫灌”型政策刺激模式，实施“精准滴灌”型政策支持模式，合理引导财政资金优先投向重点发展的产业和部门；五是致力于完善社会保障制度，守住民生底线，突出民生建设重点，保障居民基本公共服务，深入推进减贫扶贫。

### 7.3.3　推进税制改革

我国税制结构中存在的问题主要有：一是税收总量持续快速增长，自 1994 年税制改革以来，税收增速始终超过 GDP 增速，引发人们对税收高速增长合理性和可持续性的质疑；二是间接税占比过高，直接税与间接税比例不合理，间接税所具有的累退性限制了税收调节手段的运用，不利于调节收入分配差距，也不利于发挥税收杠杆稳定经济的作用；三是较高的商品劳务税和社会保障缴款，加重了企业负担，影响企业盈利水平和居民收入提高，不利于拉动消费和转变经济增长方式；四是消费税和资源税占比过低以及环境税缺失，不利于调整消费结构和促进资源节约、环境保护。

当前推进税制改革，应继续完善结构性减税政策，进一步优化税制结构，在增税和减税之间，引导产业发展，优化产业结构。一是继续深入推进“营改增”工作，减少第三产业的税收负担，有效增强第三产业的发展活力；还需要适当降低第三产业的企业所得税，实施倾向于第三产业的一系列财税措施。二是加大对研发的税收优惠力度，通过减免税、投资抵免、加速折旧等措施，鼓励企业进行技术改造、技术引进和科技研发，提升我国产业的自主创新能力。三是加大对中西部地区投资的税收优惠力度，为企业投资中西部地区创造良好的投资环境，调整和优化区域产业布局。四是进一步扩大现行消费税和资源税的征收范围，提高高能耗、高污染的产品消费税，完善计征方法，将从量征收改为从价征收，增强税收调控的政策效率。

### 7.3.4 协调财政与货币政策

财政政策和货币政策都是政府调控宏观经济的重要政策手段，然而两者在调控机制及侧重点等方面有所不同，在具体的经济调控中，加强财政政策与货币政策之间的协调配合，可以更好地实现宏观调控目标[①]。

在推进供给侧结构性改革中，财政政策与货币政策的协调配合仍是宏观经济调控的必然选择。应从以下几个方面促进财政政策与货币政策的有效配合。一是要夯实财政政策与货币政策配合的基础。在政策目标上要突出结构调整、稳定增长的全面要求，特别是要加大稳定就业和缩小居民收入分配差距两个目标的权重。深化体制改革，不断完善财政政策与货币政策的传导机制。重视统计数据信息的准确性和及时性，提高决策机构的独立性、预见性和决策效率，从而提高财政政策和货币政策决策的前瞻性和科学性。二是要明确财政政策与货币政策的侧重点。充分发挥财政政策在优化经济结构、调节收入分配、治理通货紧缩等方面的重要功能，充分发挥货币政策在总量调节、稳定物价、治理通货膨胀等方面的重要功能。三是提高财政政策和货币政策工具操作的协调配合程度。加强决策机构之间的信息沟通，注重政策调控的同步性，合理选择政策实施力度，防止政策工具的作用相互冲突。

## 7.4 研究展望

本书在研究我国财政政策效应问题时，还存在以下不足之处，它们也将成为今后继续努力的方向。

---

① 在宏观经济学中，IS－LM 模型、IS－LM－BP 模型和 DSGE 模型等为财货政策协调配合提供了理论基础。

一是本书经验分析部分主要聚焦1993—2012年，这一时期我国经济体制转轨、经济结构转型，财政政策有四次重大转型，内容丰富、实践生动，研究这个时期的财政政策，对于理解财政政策的经济发展效应具有重要意义。但是，2013年以来，政府在宏观经济调控方向和策略上，已发生了一些重要的变化。由于研究时期较早和数据的不充分性，2013年以来的财政政策效应不在本书研究范围内，今后应予以重点关注，并对2013年前后财政政策效应加以综合比较。

二是本书经验分析部分重点关注了财政政策的经济稳定效应、结构调整效应和长期增长效应，这主要考虑到我国宏观经济政策在样本期注重"稳波动、调结构、促增长"的目标重点，事实上调节收入分配也是财政政策的一项任务，今后应加强对财政政策收入分配效应的研究。另外，本书中关注了以美国为代表的财政政策国际实践，但没有深入地研究国际政策实践效果，所以无法将中国的政策效果和实践经验与其他国家加以比较，因此国际政策效应比较，特别是发展中国家的政策效应比较，也应是今后研究的一个努力方向。

三是本书运用了诸如结构性向量自回归、面板数据回归等分析方法，获得了不少定量分析结果。但是，如果能够将财政政策的经济稳定效应、结构调整效应和长期增长效应纳入到一个相对更为完整的理论和经验分析模型，在一个体系庞大、更为精巧的分析框架中，进行动态随机一般均衡研究，可能更具前沿性和更有学术价值，而这需要今后加倍的学习和深入的探究。

# 参考文献

[1] Afonso, A., and Alegre, J. A., Economic Growth and Budgetary Components: A Panel Assessment for the EU, *Empircal Economics*, 2011, 41 (3): 703 - 723.

[2] Alesina A, and Ardagna S., Large Changes in Fiscal Policy: Taxes versus Spending//Tax Policy and the Economy, *University of Chicago Press*, 2010, 24(1): 35 - 68.

[3] Ambler S. and Paquet, A., Fiscal Spending Shocks, Endogenous Government Spending, and Real Business Cycles, *Journal of Economic Dynamics and Control*, 1996, 20(1 - 3): 237 - 256.

[4] Arrow Kenneth J., and Mordecai Kurz., Public Investment the Rate of Return and Optimal Fiscal Policy, *the Johns Hopkins Press*, Baltimore, MD1, 1970.

[5] Aschauer D A., Fiscal Policy and Aggregate Demand, *American Economic Review*, 1985, 83(3): 117 - 127.

[6] Auerbach A J, and Gorodnichenko Y., Measuring the Output Responses to Fiscal Policy, *National Bureau of Economic Research*, 2010.

[7] Auerbach A J, Gokhale J, and Kotlikoff L J., Generational Accounting: AMeaningful Way to Evaluate Fiscal Policy, *Journal of Economic Perspectives*, 1994, 8(1): 73 - 94.

[8] Auerbach. A J, Gale. William G., and Harris. Benjamin H., Activist Fiscal Policy. *Journal of Economic Perspectives*. 2010, 24(4): 141 - 164.

[9] Barlevy G. , The Cost of Business Cycles under Endogenous Growth, *Northwestern University Working Paper*, 2002.

[10] Barro R. J. , and Sala – i – Martin X. , Public Finance in Models of Economic Growth, *Review of Economic Studies*, 1992, 59(4):645 – 662.

[11] Barro R. J. , Are Government Bonds Net Wealth? *Journal of Political Economy*, 1974, 82(6):1095 – 1117.

[12] Barro R. J. , Government Spending in a Simple Model of Endogenous Growth, *Journal of Political Economy*, 1990, 98(5):103 – 124.

[13] Barro, R. J. , and Charles J. Redlick, Macroeconomic Effects from Government Purchases and Taxes, *Quarterly Journal of Economics*, 2011, 126 (1):51 – 102.

[14] Baxter M, and King R G. , Fiscal Policy in General Equilibrium, *The American Economic Review*, 1993, 83(3): 315 – 334.

[15] Baxter, Marianne, and Robert G. King. , Fiscal Policy in General Equilibrium, *American Economic Review*, 1993, 83(3): 315 – 34.

[16] Bénassy – Quéré A. , et al, Economic Policy: Theory and Practice, *De Boeck & Larcier s. a.* , 2010.

[17] Bilbiie, Florin O. , Nonseparable Preferences, Fiscal Policy Puzzles and Inferior Goods, *Journal of Money, Credit, and Banking* 41, 2009, 2 – 3: 443 – 50.

[18] Blanchard O J, Chouraqui J C, and Hagemann R, et al. , The Sustainability of Fiscal Policy: New Answers to An Old Question, *NBER Working Paper*, 1991 (R1547).

[19] Blanchard, Olivier, and Roberto Perotti, An Empirical Characterization of the Dynamic Effects of Changes in Government Spending and Taxes on Output, *Quarterly Journal of Economics*, 2002, 117(4):1329 – 68.

[20] Blinder A S. , and Solow R M. , Does Fiscal Policy Matter? *Journal of Public Economics*, 1973, 2(4): 319 – 337.

[21] Bouakez, H. , and N. Rebei, Why does Private Consumption Rise after a Government Spending Shock? *Canadian Journal of Economics*, 2007, 40 (3):954 -979.

[22] Breusch T. S. and A. R. Pagan, The Lagrange Multiplier Test and Its Applications to Model Specification in Econometrics, *Review of Economic Studies*, 1980, (47): 239 -253.

[23] Burnside, Craig, Martin Eichenbaum, and Jonas D. M. Fisher, Fiscal Shocks and Their Consequences, *Journal of Economic Theory*, 2004, 115 (1):89 -117.

[24] CalvoG. , Staggered Price in a Utility - Maximizing Framework, *Journal of Monetary Economics*, 1983, 12: 383 -398.

[25] Calvo. G. , Staggered Price in a Utility - Maximizing Framework, *Journal of Monetary Economics*, 1983, 12: 383 -398.

[26] Campbell. J. Y. and Cochrane. J. H. , By Force of Habit: a Consumption - based Explanation of Aggregate Stock Market Behavior, *Journal of Political Economy*, 1999, 107(2):205 -251.

[27] Capet S. , The Efficiency of Fiscal Policies: A Survey of the Literature, *CEPII Working Paper No.* 11, 2004.

[28] Carboni O. A. , and Medda G. , Government Spending and Growth in a Neoclassical Model, *Math Finan Econ*, 2011, 4:269 -285.

[29] Cassou S. P. and Lansing K. J. , Optimal Fiscal Policy, Public Capital and the Productivity Slovdown, *Journal of Economic Dynamics and Control*, 1998, 22(6):911 -935.

[30] Chari V V, Christiano L J, and Kehoe P J. , Optimal Fiscal Policy in a Business Cycle Model, *National Bureau of Economic Research*, 1993.

[31] Chari. V. V. , Kehoe. P. J. , and McGrattan. E. R. , New Keynesian Models: Not Yet Useful for Policy Analysis, *Working Paper*, 2010.

[32] Chenery H. B. , Elkington H. , and Sims C. , A Uniform Analysis of

Development Patterns. Harvard University Center for International Affairs. *Economics Development Report* 148. Cambridge, Mass. 1970.

[33] Chenery, H., and S., Syrquin, M., Patterns of Development, 1950 - 1970, *London*: *Oxford University Press*, 1975.

[34] Chenery, H., Robinson, and S., Syrquin, M., Industrialization and Growth: A Comparative Study. *London*: *Oxford University Press*, 1986.

[35] Christiano, Lawrence J., Martin Eichenbaum, and Sergio Rebelo, When Is the Government Spending Multiplier Large? *Journal of Political Economy*, 2011, 119(1): 78 - 121.

[36] Cogan J. F., Cwik T., Taylor J. B., and Wieland V, New Keynesian versus Old Keynesian Government Spending Multipliers, *CFS Working Paper* No. 17, 2009.

[37] Cuaresma J. C. and Reitschuler G, Is the Ricardian Equivalence Proposition an "Aerie Fairy" Theory for Europe? *Euroframe Conference on Fiscal Policies in the European* 189, Union, 2004.

[38] Devarajan S., Swaroop V. and Zou H., The Composition of Public Expenditure and Economic Growth, *Journal of Monetary Economics*, 1996, 37 (2 - 3): 313 - 344.

[39] Easterly W, and Rebelo S., Fiscal Policy and Economic Growth, *Journal of monetary economics*, 1993, 32(3): 417 - 458.

[40] Edelberg, Wendy, Martin Eichenbaum, and Jonas D. M. Fisher. Understanding the Effects of a Shock to Government Purchases, *Review of Economic Dynamics*, 1999, 2(1): 166 - 206.

[41] Eggertsson Gauti B., Real Government Spending in a Liquidity Trap, http://www.newyorkfed.org/research/economists/eggertsson/JMP2.pdf, 2001.

[42] Eggertsson, Gauti B., and Michael Woodford., The Zero Bound on Interest Rates and Optimal Monetary Policy, *Brookings Papers on Economic Activity*, 2003, 1: 139 - 211.

[43] Elmendorf D. W. , and Mankiw N. G. , Government Debt, in Handbook of Macroeconomics, Vol. 1, Edited by J. B. Taylor and M. Woodford, *Elsevier Science B. V.* , 1999.

[44] Fatás, Antonio, and Ilian Mihov, The Effects of Fiscal Policy on Consumption and Employment: Theory and Evidence, *Center for Economic and Policy Research Discussion Paper* 2760, 2001.

[45] Fève P, , Matheron J. , and SahucJ – G. , A Pitfall with Estimated DSGE – Based Government Spending Multipliers, *American Economic Journal: Macroeconomics*, 2013, 5(4):141 – 178.

[46] Fisher W. H. , and Turnovsky M. , Public Investment, Congestion, and Private Capital Accumulation, *Economic Journal*, 1998, 108 (447): 399 – 413.

[47] Fisher, J. , and R. Peters, Using Stock Returns to Identify Government Spending Shocks. *Economic Journal*, 2010, 120(544):414 – 436.

[48] Galí, J. , J. David López – Salido, and Javier Vallés, Understanding the Effects of Government Spending on Consumption, *Journal of the European Economic Association*, 2007, 5(1): 227 – 70.

[49] Gali, J. , Modern Perspective on Stabilization Policies, *CESifo Working Paper*, 2004.

[50] Gali. J. and Blanchard O. J. , Real Wage Rigidities and the New Keynesian Model, *NBER Working Paper No.* 11806, 2004.

[51] Ganelli, G. , and J. , Ternala Can Government Spending Increasing Private Consumption? The Role of Complementarity, *Economics Letters*, 2009, 103(1):5 – 7.

[52] Gavin M, and Perotti R. , Fiscal policy in latin America, *NBER Macroeconomics Annual* 1997, Volume 12. Mit Press, 1997: 11 – 72.

[53] Giavazzi F, Jappelli T, and Pagano M. , Searching for Non – linear Effects of Fiscal Policy: Evidence from Industrial and Developing Countries, *Eu-*

*ropean economic review*, 2000, 44(7): 1259 - 1289.

[54] Giavazzi F, and Pagano M., Non - Keynesian Effects of Fiscal Policy Changes: International Evidence and the Swedish Experience, *National Bureau of Economic Research*, 1996.

[55] Giavazzi F., Jappelli T., and Pagano M, Searching for Non - Keynesian Effects of Fiscal Policy, *CSEF Working PaperNo.* 16, 2000.

[56] Gomez M., Fiscal Policy, Congestion and Endogenous Growth, *Journal of Public Economic Theory*, 2008, 10(4):595 - 622.

[57] Gomez M., Optimal Fiscal Policy in a Growing Economy with Public Capital, *Macroeconomic Dynamics*, 2004, 8(4):419 - 435.

[58] Goodfriend M. and King R. G., The New Neoclassical Synthesis and the Role of Monetary Policy, *Working Paper No.* 5, Federal Reserve Bank of Richmond, 1998.

[59] Gordon, Robert J., and Robert Krenn, The End of the Great Depression 1939 - 41: Policy Contributions and Fiscal Multipliers. *National Bureau of Economic Research Working Paper*16380, 2010.

[60] Hall, R. E. and Papell, D. H., Macroeconomics, $6^{th}$ ed. *W. W. Norton and Company, Inc*, 2005.

[61] Hall, Robert E, By How Much Does GDP Rise If the Government Buys More Output? *Brookings Papers on Economic Activity*, 2009, 2: 183 - 231.

[62] Hall, Robert E, The Role of Consumption in Economic Fluctuations. In The American Business Cycle: Continuity and Change, ed. Roger J. Gordon, Chicago and London: University of Chicago Press, 1986, 237 - 55.

[63] Hamilton J, Time Series Analysis, *Princeton University Press*, 1994.

[64] Hansen, A. H., A Guide to Keynes, *New York: McGraw - Hill*, 1953.

[65] Hansen, A. H., Monetary theory and Fiscal Policy, *New York: McGraw - Hill*, 1949.

[66] Hicks, J. R. , Mr. Keynes and the "Classics": A Suggested Interpretation, *Econometrica*, 1937, 5:147 – 159.

[67] Hnatkovska V. , and Loayza N. , Volatility and Growth, *Policy Research Working Paper Series* 3184, the World Bank, 2003.

[68] Karolina E. , and Torstensson J. , High – Technology Subsidies in General Equilibrium: A Sector – Specific Approach, *Canadian Journal of Economics*, 1997, No. 4b:1199 – 1201.

[69] Kenneth N. Kuttner, Adam S. Posen. Fiscal Policy Effectiveness in Japan. *Journal of the Japanese and International Economies*, 2002, 16:536 – 558.

[70] Keynes, J. M. , The General Theory of Employment Interest and Money, *London*: *Macmillan*, 1936.

[71] Kneller R. , Bleaney M. F. and Gemmell N. , Fiscal Policy and Growth: Evidence from OECD Countries, *Journal of Public Economics*, 1999, 74 (2):171 – 190.

[72] KormilitsinaA. , and Zubairy, Propagation Mechanisms for Government Spending Shocks: A Bayesian Comparison. *Working Paper*, 2012.

[73] Linnemann L. , and Schabert A. , Can Fiscal Spending Stimulate Private Consumption? *Economics Letters*, 2004, 82(2):173 – 179.

[74] Linnemann, L. , and A. Schabert, Fiscal Policy in the New Neoclassical Synthesis, *Journal of Money*, *Credit and Banking*, 2003, 35(6):911 – 29.

[75] Linnemann, L. , and Schabert. A. , Productive Government Expenditure in Monetary Business Cycle Models, *Scottish Journal of Political Economy*, 2006, 53(1):28 – 46.

[76] Linnemann, L. , The Effect of Government Spending on Private Consumption: A Puzzle? *Journal of Money*, *Credit and Banking*, 2006, 35(6): 911 – 29.

[77] Lucas R. E. Jr. , Econometric Policy Evaluation: A Critique, *Carnegie Rochester Conference Series on Public Policy*, 1976, 1:19 – 46.

[78] Lucas R. E. Jr. , Econometric Testing of the Nature Rate Hypothesis, In the Econometrics of Price Determination, Edited by Eckstein O. , *Washingtong: Board of Governors, Federal Reserve System*, 1972a, 50 – 59.

[79] Lucas R. E. Jr. , Expectations and the Neutrality of Money, *Journal of Economic Theory*, 1972b, 4: 103 – 124.

[80] Lucas R. E. , Supply – Side Economics: An Analytical Review, *Oxford Economic Papers*, 1990, 42(2): 293 – 316.

[81] Monacelli. T and Perotti, Fiscal Policy, Wealth Effects, and Markups. *National Bureau of Economic Research Working Paper* 14584, 2008.

[82] Mountford, A. , and H. Uhlig, What Are the Effects of Fiscal Policy Shocks? *Journal of Applied Econometrics*, 2009, 24(6): 960 – 992.

[83] Myles G. D. , Taxation and Economic Growth, *Fiscal Studies*, 2000, 21(1): 141 – 168.

[84] Nadiri M Ishaq, Mamuneas Theofanis P. Infrasturcture and Public R&D Investments, and the Growth of Factor Productivity in US Mannufacturing Industries, *NBER Working Paper* 4845, 1994.

[85] Ohanian, L. E. , The Macroeconomic Effects of War Finance in the United States: World War 11 and the Korean War, *The American Economic Review*, 1997, 87: 23 – 40.

[86] Peneder, M. , Industrial Structure and Aggregate Growth, *Structural Change and Economic Dynamics*, 2003, 14(4): 427 – 448.

[87] Perotti R, and Kontopoulos Y. , Fragmented Fiscal Policy, *Journal of Public Economics*, 2002, 86(2): 191 – 222.

[88] Perotti R. , Estimating the Effects of Fiscal Policy in OECD Countries, *Centre for Economic Policy Research*, 2005.

[89] Perotti R. , In Search of the Transmission Mechanism of Fiscal Policy, In NBER Macroeconomics Annual 2007, Volume 22, ed. Daron Acemoglu, Kenneth Rogoff, and Michael Woodford, 169 – 226, *Chicago and London: Uni-*

*versity of Chicago Press*, 2008.

[90] Ramey, V. A., and M. D., Shapiro, Costly Capital Reallocation and the Effects of Government Spending, *Carnegie – Rochester Conference Series on Public Policy*, 1998, 48: 145 – 94.

[91] Ramey, V. A., Can Government Purchases Stimulate the Economy? *Journal of Economic Literature*, 2011, 49(3): 673 – 685.

[92] Ramey, V. A., Identifying Government Spending Shocks: It's All in the Timing, *Quarterly Journal of Economics*, 2011, 126(1): 1 – 50.

[93] Ravn, M., S. Schmitt – Grohé, and M. Uribe, Deep Habits, *Review of Economic Studies*, 2006, 73(1):195 – 218.

[94] Rivas L. A., Income Taxes, Spending Composition and Long – Run Growth. *European Economic Review*, 2003, 47(3):477 – 503.

[95] Robinson S., Aggregate Production Functions and Growth Models in Economic Development: A Cross – Section Study, Ph. D. dissertation, *Harvard University*, 1969.

[96] Robinson S., Sources of Growth in Less Developed Countries, *Quarterly Journal of Economics*, 1971, No. 3: 391 – 408.

[97] Romer D., Advanced Macroeconomics (Third Edition), *The McGraw – Hill Companies, Inc*, 2006.

[98] Rotemberg, Julio J., and Michael Woodford, Oligopolistic Pricing and the Effects of Aggregate Demand on Economic Activity, *Journal of Political Economy*, 1992, 100(6): 1153 – 1207.

[99] Saint – Paul G., Fiscal Policy in an Endogenous Growth Model, *Quarterly Journal of Economics*, 1992, 107(4): 1243 – 1259.

[100] Samuelson, P. A. and Nordhaus, W. D., Economics (19e), by the *McGraw – Hill Companies*, Inc, 2010.

[101] Sargent T. J. and Wallace N., Rational Expectations, the Optimal Monetary Instruments, and the Optimal Money Supply Rule, *Journal of Political*

Economy, 1975,83:241 -254.

[102] Snowdon and Vane, An Encyclopedia of Macroeconomics, *Edward Elagar Publishing Ltd*, 2004.

[103] Snowdon and Vane, Modern Marcroeconomics: Its Origins, Development and Current State, *Edward Elagar Publishing Ltd*, 2005.

[104] So, Bennis Wai Yip, Reassessment of the State Role in the Development of High - Tech Industry: A Case Study of Taiwai's Hsinchu Science Park, *East Asia*, 2006, 23(2): 61 -86.

[105] Spilimbergo A., SymanskyS., and Schindler M., Fiscal Multipliers. Notes. *Internationa Monetary Fund*, 2009.

[106] Stein, H., The Fiscal Revolution in American: Policy in Pursuit of Reality ($2^{nd}$ edition), *AEI*, Washington, D. C., 1996.

[107] Stiglitz, J., Economics (2e), published by arrangement with *W. W. Norton & Company*, Inc, 1997.

[108] Tamai T., Optimal Fiscal Policy in an Endogenous Growth Model with Public Capital: A Note, *Journal of Economics*, 2008, 93(1):81 -93.

[109] Taylor J B., Reassessing Discretionary Fiscal Policy, *The Journal of Economic Perspectives*, 2000: 21 -36.

[110] Taylor. J. B., Discretion versus Policy Rules in Practice, *Carnegie - Rochester Conference Series on Public Policy*, 1993, 39:195 -214.

[111] Tazi V., Is there a limit to the size of fiscal deficits in developing countries? In "Public Finance and Public Debt", edited by Bernard P. Herber, *Wayne State University Press*, 1986.

[112] Tazi V., Fiscal policy: when theory collides with reality, *paper of the Congress of the International Institute of Public Finance*, 2004.

[113] Tazi V., Government versus Markets: the Changing Economic Role of the State, *Syndicate of the Press of the University of Cambridge, England*, 2011.

[114] Turnovsky M. and Fisher W. H. , The Composition of Government Expenditure and its Consequences for Macroeconomic Performance, *Journal of Economic Dynamics and Control*, 1995, 19(4):747 –786.

[115] Turnovsky S. J. , Public and Private Capital in a Endogenously Growing Economy, *Macroeconomic Dynamics*, 1997, 1(3):615 –639.

[116] Turnovsky S. J. , Fiscal Policy, Elastic Labor Supply and Endogenous Growth, *Journal of Monetary Economics*, 2000, 45(1):185 –210.

[117] Turnovsky S. J. , The Transitional Dynamic of Fiscal Policy: Long – run Capital Accumulation and Growth, *Journal of Money, Credit and Banking*, 2004, 36(5):883 –910.

[118] Valli, V. , and Saccone, D. , Structural Change and Economic Development in China and India. *The European Journal of Comparative Economics*. 2009, 6(1):101 –119.

[119] Woodford, Michael, "Simple Analytics of the Government Expenditure Multiplier." *American Economic Journal: Macroeconomics*, 2011, 3(1): 1 –35.

[120] Zagler M. and Dürnecker G. , Fiscal Policy and Economic Growth, *Journal of Economic Surveys*, 2003, 17(3):397 –418.

[121]马斯格雷夫 R. A. ,马斯格雷夫 P. B. 财政理论与实践[M]. 邓力基,邓力平. 校译. 5 版. 北京:中国财政经济出版社,2003.

[122]财政部财政科学研究所. 60 年来中国财政发展历程与若干重要节点[J]. 改革,2009(10): 17 –34.

[123]财政部财政科学研究所课题组. 宏观经济形势与财政调控:从短期到中长期的分析认识[J]. 经济研究参考,2012(61):3 –50.

[124]昌忠泽. 作为传统需求管理工具的美国财政政策[J]. 美国研究,2004(3):69 –83.

[125]陈共. 财政学[M]. 7 版. 北京:中国人民大学出版社,2012.

[126]陈创练. 政府财政收支对居民消费的挤出挤入效应[J]. 山西财

经大学学报,2010(6):7－14.

[127]陈建宝,戴平生. 我国财政支出对经济增长的乘数效应分析[J]. 厦门大学学报:哲学社会科学版,2008 (5):26－32.

[128]储德银,建克成. 财政政策与产业结构调整——基于总量与结构效应双重视角的实证分析[J]. 经济学家. 2014(2):80－91.

[129]邓子基,唐文倩. 政府公共支出的经济稳定效应研究[J]. 经济学动态,2012(7):19－24.

[130]冯海红,曲婉,李铭禄. 税收优惠政策有利于企业加大研发投入吗[J]. 科学学研究,2015(5):665－673.

[131]高铁梅,李晓芳,赵昕东. 我国财政政策乘数效应的动态分析[J]. 财贸经济,2002(2):40－45.

[132]高铁梅主编. 计量经济分析方法与建模[M]. 北京:清华大学出版社,2009.

[133]郭婧. 税制结构与经济增长——基于中国省级数据的实证研究[J]. 中国软科学,2013(8):80－91.

[134]郭晔,赖章福. 货币政策与财政政策的区域产业结构调整效应比较[J]. 经济学家,2010(5):67－74.

[135] 郭庆旺,赵志耘. 财政学[M]. 北京:中国人民大学出版社,2002.

[136] 郭庆旺,赵志耘. 积极财政政策效果及淡出策略研究[M]. 北京:中国人民大学出版社,2007.

[137] 胡蓉,劳川齐,徐荣华. 政府支出对居民消费具有挤出效应吗[J]. 宏观经济研究,2011(2):36－41.

[138] 胡爱华. 中国财政政策效应分析[M]. 北京:光明日报出版社,2013.

[139] 胡鞍钢,周绍杰,任皓. 供给侧结构性改革——适应和引领中国经济新常态[J]. 清华大学学报,2016(2):2－7.

[140] 胡永健,周寄中. 政府直接资助强度与企业技术创新投入的关系研究[J]. 中国软科学,2008(11):141－148.

[141] 贾康,赵全厚. 中国财政改革30年的路径与脉络[J]. 经济研究参考,2009年第2期(总第2202期),3－9.

[142] 简新华,等. 中国经济结构调整和发展方式转变[M]. 山东:山东人民出版社,2009.

[143] 简志宏,李霜,鲁娟. 货币供应机制与财政支出的乘数效应[J]. 中国管理科学,2011,19(2),30－39.

[144] 金人庆. 中国财政政策:理论与实践[M]. 北京:中国财政经济出版社,2005.

[145] 靖学青. 产业结构高级化与经济增长对长三角地区的实证分析[J]. 南通大学学报,2005(5):45－49.

[146] 李杰,熊熔. 财政政策对经济发展的动态效应研究[J]. 经济师,2010(2):69－71.

[147] 李颖. 1998年以来我国财政政策对扩大消费需求的实践效果及启示[J]. 经济问题探索,2010(7):1－6.

[148] 李俊英,苏建. 经济结构调整视角下的结构性减税政策[J]. 税务研究,2013(2):22－25.

[149] 李生祥,丛树海. 中国财政政策理论乘数和实际乘数效应研究[J]. 财经研究,2004(1):5－20.

[150] 李树培,白战伟. 改革开放三十年政府支出与居民消费关系的动态演变——基于时变参数模型的考察[J]. 财经科学,2009(9):49－57.

[151] 李晓芳,高铁梅,梁云芳. 税收和政府支出政策对产出动态冲击效应的计量分析[J]. 财贸经济,2005(2):32－39.

[152] 李兴文,等. 促进我国经济结构调整的财政政策研究[J]. 经济研究参考,2011(50):23－38.

[153] 李永友. 经济波动的财政政策稳定效应[M]. 北京:中国社会科学出版社,2007.

[154] 廖楚晖,刘鹏. 中国公共资本对私人资本替代关系的实证研究[J]. 数量经济技术经济研究,2005(7):35－43.

[155] 廖信林,顾炜宇,王立勇．政府 R&D 资助效果、影响因素与资助对象选择———基于促进企业 R&D 投入的视角[J]．中国工业经济,2013(11):148－160.

[156] 林致远,张馨,等．财政政策与经济稳定[M]．厦门:厦门大学出版社,2011.

[157] 刘起运．结构式凯恩斯乘数模型研究[J]．统计研究,2004(11).7－13.

[158] 刘溶沧,赵志耘．财政政策论纲[M]．北京:经济科学出版社,1998.

[159] 刘小兵,等．中国财政政策分析(1998—2007)[M]．北京:中国财政经济出版社,2008.

[160] 卢亮．1998—2002 年我国积极财政政策就业效应的实证分析[J].西北人口,2005(2):2－5.

[161] 马拴友．财政政策与经济增长[M]．北京:经济科学出版社,2003.

[162] 欧阳煌．财政政策促进经济增长:理论与实证[M]．北京:人民出版社,2007.

[163] 秦嗣毅．战后美国财政政策演变研究[J]．学习与探索,2003(2):69－71.

[164] 任泽平,潘文聊．结构式乘数及其对凯恩斯主义宏观经济理论的发展[J]．数量经济技术经济研究,2009(8):83－95.

[165] 宋来,常亚青．国有和私营工业企业的相对效率研究[J]．工业工程与管理,2009(4):122－126, 142.

[166] 宋来,朱保华．财政政策的经济发展效应——基于国外文献研究的视角[J]．华东理工大学学报(社会科学版),2015(6):57－62.

[167] 宋来,朱保华．财政政策、产出增长与周期稳定效应[J]．上海管理科学,2016(1):55－61.

[168] 宋来,朱保华．美国财政政策历史实践及其对我国供给管理的若

干启示[J]. 世界经济研究,2016(9):8-16.

[169] 孙健夫. 美国财政政策的演变及启示[J]. 世界经济,1997(7):32-51.

[170] 孙立鹏. 奥巴马第二任期美国经济政策走向[J]. 国际研究参考2013(5):7-11.

[171] 汪昊. 经济结构调整与税制改革研究[M]. 北京:中国税务出版社,2013.

[172] 王蓓,吕伟. 财政政策效应究竟有多大:一个文献综述[J]. 云南财经大学学报,2013(2):10-20.

[173] 王静. FDI 促进中国各地区产业结构优化的门限效应研究[J]. 世界经济研究,2014(3):73-79.

[174] 王保滔,等. 财政政策的产业结构优化效应分析,生产力研究[J]. 2014(5):29-32.

[175] 王传纶,高培勇. 当代西方财政经济理论[M]. 北京:商务印书馆,1995.

[176] 王汉儒. 次贷危机背景下美国财政政策走势的预测——基于凯恩斯主义视角的一个分析[J]. 当代财经,2009(2):30-35.

[177] 王曙光,蔡德发. 我国财政体制 60 年:演进、运行与优化[J]. 商业研究,2009(10):1-6.

[178] 王文甫. 中国政府支出的动态效应实证分析[J]. 软科学,2010(3):28-31.

[179] 王文甫,朱保华. 政府支出的外部性和中国政府支出的宏观效应:动态随机一般均衡视角[J]. 经济科学,2010(2):17-28.

[180] 王旭祥. 货币政策与财政政策协调配合:理论与中国经验[M]. 上海:格致出版社、上海三联书店、上海人民出版社,2011.

[181] 王亚芬. 中国的财税政策与经济增长:政策效应及财政风险的计量模型分析[M]. 辽宁:东北财经大学出版社,2012.

[182] 王燕武. 扩大内需的财政政策选择:供给管理型财政政策[M].

经济科学出版社,2014.

［183］王志刚．积极财政政策效应评价——一种实证的视角［M］．北京:经济科学出版社,2012.

［184］王志伟,毛晖．20 世纪美国扩张性财政政策的演变及启示［J］．经济科学, 2003(2):107－118.

［185］韦东,等．美国宏观调控的实践及其启示［J］．宁夏社会科学,2011(6):62－66.

［186］吴江,等．财政政策冲击对实体经济的总体和结构性影响分析［J］．财政研究,2011(7):42－47.

［187］夏杰长,黄邵明．结构优化、经济增长与财政政策选择［J］．哈尔滨市经济管理干部学院学报,2000(4):20－22.

［188］谢建国,陈漓高．政府支出与居民消费——基于跨期替代模型的中国经验分析［J］．当代经济科学,2002(6):34－40.

［189］许祥云．不同环境下的政府支出乘数研究评述［J］．经济理论与经济管理,2013(6):54－61.

［190］杨大楷,孙敏．公共投资与宏观经济结构的实证研究［J］．经济问题,2009(4):21－24.

［191］杨晓华．中国财政政策效应的测度研究［M］．北京:知识产权出版社,2009.

［192］叶文辉,楼东伟．中国财政政策的有效性分析——基于金融危机的背景［J］．山西财经大学学报,2010(5):30－32.

［193］尹伯成．西方经济学说史［M］．上海:复旦大学出版社,2006.

［194］余俊,张俊伟,等．新时期我国财政、货币政策面临的挑战与对策［M］．北京:中国发展出版社,2014.

［195］袁芳英．政府支出对居民消费的影响［J］．上海经济研究,2010(1):12－18.

［196］原毅军,董 琨．产业结构的变动与优化:理论解释和定量分析［M］．大连:大连理工大学出版社,2008.

[197] 张斌．宏观调控与结构调整双重目标下的结构性减税[J]．国际税收,2012(7):8－12.

[198] 张辉．中国经济增长的产业结构效应和驱动机制[M]．北京:北京大学出版社,2013.

[199] 张杰,杨连星．现阶段中国财政政策对经济结构“锁定”效应的分析[J]．江苏社会科学,2013(3):29－35.

[200] 张龙．中国宏观经济政策效应研究——基于财政政策与货币政策配合的视角[M]．北京:中国经济出版社,2013.

[201] 张少华．财政冲击的宏观经济效应研究[M]．北京:经济科学出版社,2014.

[202] 张淑翠．我国财政支出对经济增长非线性效应——基于省级面板数据的平滑转移模型实证分析[J]．财政研究,2011(8):135－143.

[203] 张同斌,高铁梅．财税政策激励、高新技术产业发展与产业结构调整[J]．经济研究,2012(5):58－69.

[204] 张云峰,苏超．克林顿政府的结构性财政政策及对我国积极财政政策的启示[J]．黑龙江财专学报,2001(5):23－26.

[205] 张志超,姜欣．资本主义经济危机演化与美国财政政策实践[J]．高校理论战线,2012(8):22－26.

[206] 张佐敏．财政规则与政策效果研究[M]．北京:科学出版社,2015.

[207] 赵付民,苏盛安,邹珊刚．我国政府科技投入对大中型工业企业R&D投入的影响分析[J]．研究与发展管理,2006(2):78－84.

[208] 赵玉林,张钟芳．高新技术产业发展对产业结构优化升级作用的实证分析[J]．科研管理,2008(3):35－42.

[209] 赵志耘,吕冰洋．政府生产性支出对产出—资本比的影响——基于中国经验的研究[J]．经济研究,2005(11):46－56.

[210] 中国人民大学宏观经济分析与预测课题组．我国产业结构调整的新取向:市场驱动与激励相容[J]．改革,2013(10):41－53.

[211] 中国人民银行成都分行调查统计处课题组．我国结构性减税及其经济效应研究[J]. 金融发展评论,2012(10):123 - 142.

[212] 周波．中国财政政策规则及其体制稳定性分析[J]. 数量经济技术经济研究,2012(2):84 - 99.

[213] 周昌林,魏建良．产业结构水平测度模型与实证分析——以上海、深圳、宁波为例[J]. 上海经济研究,2007(4),15 - 21.

[214] 周振华．产业结构优化论[M]. 上海:上海人民出版社,2014.

[215] 周振华．现代经济增长中的结构效应[M]. 上海:格致出版社、上海三联书店、上海人民出版社,2014.

[216] 朱军．开放经济中的财政政策规则——基于中国宏观经济数据的 DSGE 模型[J]. 财经研究,2013(30):135 - 144.

[217] 朱平芳,徐伟民．政府的科技激励政策对大中型工业企业 R&D 投入与专利产出的影响——— 上海市的实证研究[J]. 经济研究,2003(6):45 - 52.

# 致谢

在朋友们的鼓励下，本人不揣浅陋，决定把博士论文《1993—2012 年中国财政政策宏观调控效应的实证分析》修改完善后编辑出版。工作多年后，选择继续攻读博士学位，目标很朴素，不为增加一块“敲门砖”，也不为增添一块“垫脚石”，只为弥补心中的一个缺憾，圆自己的一个梦想。理想很丰满，现实很骨感。坊间早有传闻，在上海交通大学读经济学博士，想顺利毕业是不容易的，事实证明传言不虚。所幸的是，我最终还是选择了梦想和坚持，因为梦想是可以自我实现的，而坚持则是一种优势策略。

师从一位好导师，在求学的道路上可遇而不可求。在基础理论学习和毕业论文撰写的过程中，导师朱保华教授一直热情鼓励、悉心指导，付出了大量的心血。朱老师学术视野开阔，治学态度严谨，知识渊博，既教书育人又立德树人，既是良师也是益友。此外，还得到了上海交通大学安泰经济与管理学院的顾锋、于冷、朱启贵、胡海鸥、陈宪等教授，上海社科院世经所权衡研究员，华东理工大学商学院吴柏钧教授的热情帮助，在此也一并表示衷心的感谢。

由于是在职攻读学位，时刻面临着工作和学习的双重压力。非常感谢我的妻子常亚青博士的宽容理解和无私支持，她不仅毫无怨言地承担起赡养老人、教育女儿的家庭重任，还热情地帮助查阅参考文献和统计数据，在学术上给予了很多的专业支持。我的家人，包括父母、岳父母、哥哥姐姐等，也都一直关注着我的学习进程，热情地给予鼓励和支持，经常提醒我注意劳逸结合、保重身体，让我深切感受到，温馨和谐的家庭永远是人生幸福的港湾。我还应感谢我的同事们，这些年我工作的岗位和部门多次变动，大家都对我有时因学习而耽搁的工作给予了更多的担当，也让我深切地感受到，合作的团队永远是奋勇向前、决胜未来的最完美平台。

最后，还应向文中参考文献的作者表示诚挚的谢意。我从他们的真知灼见和思维创新中，获得了灵感，深化了认识，拓宽了思路。当然，我深知学无止境，尽管付出了相当大的努力，文中还是存在很多不足之处，仍有许多需要进一步探索的问题。我愿以此为起点，而今迈步从头越，在学术的道路上继续深入探究、砥砺前行。